RUTE SALVIANO ALMEIDA

TEÓLOGAS DA IGREJA MEDIEVAL

RUTE SALVIANO ALMEIDA

TEÓLOGAS DA IGREJA MEDIEVAL

MULHERES QUE ILUMINARAM A ESPIRITUALIDADE NA IDADE DAS TREVAS

Copyright © 2023 por Rute Salviano Almeida

Publicado pela GodBooks Editora em parceria com a Thomas Nelson Brasil.

Edição	*Maurício Zágari e Brunna Prado*
Preparação	*Lais Chagas*
Revisão	*Francine Torres e Filipe Delage*
Capa	*Rafael Brum*
Diagramação	*Luciana Di Iorio*

Os pontos de vista desta obra são de responsabilidade dos autores e colaboradores diretos, não refletindo necessariamente a posição da GodBooks, da Thomas Nelson Brasil ou de suas equipes editoriais.

Os textos das referências bíblicas foram extraídos da versão Almeida Revista e Atualizada, 2. ed., da Sociedade Bíblica do Brasil, salvo indicação específica. Eventuais destaques nos textos bíblicos e citações em geral referem-se a grifos da autora.

Dados Internacionais de Catalogação na Publicação (CIP)
(BENITEZ Catalogação Ass. Editorial, MS, Brasil)

A681t	Almeida, Rute Salviano
1.ed.	Teólogas da igreja medieval / Rute Salviano Almeida. – 1. ed. – Rio de Janeiro: Thomas Nelson Brasil: São Paulo: Godbooks, 2023.
	288 p.; 13,5 × 20,8 cm.
	ISBN 978-65-5689-678-6
	1. Eclesiologia. 2. História eclesiástica – Idade média. 3. Igreja – História. 4. Mulheres – Idade média – História. 5. Teologia cristã. I. Título.
06-2023/134	CDD 262

Índice para catálogo sistemático

1. Eclesiologia: Idade Média: Teologia: Cristianismo 262

Aline Graziele Benitez – Bibliotecária - CRB-1/3129

Publicado no Brasil com todos os direitos reservados por:
GodBooks Editora
Fale conosco: contato@godbooks.com.br
www.godbooks.com.br

1ª edição: agosto de 2023

AOS MEUS DEDICADOS EDITORES, que contribuíram com um trabalho fundamental, excelente e amoroso na publicação de meus livros. Louvo a Deus por seus ministérios e, representando-os, destaco dois nomes importantes.

Juan Carlos Martinez, com quem trabalhei na Editora Hagnos entre 2009 e 2019. Foi meu grande incentivador, sempre presente e batalhando por minhas obras.

Maurício Zágari é o editor com quem tenho trabalhado na Editora GodBooks desde 2020. De editor, Maurício se tornou meu amigo e meu padrinho na Academia Evangélica de Letras do Brasil (AELB). Ele é também o prefaciador desta obra. Dele ouvi: "Hoje vou dormir com a sensação de dever cumprido, editei um livro da Rute Salviano", o que me encheu de alegria e motivação para persistir em narrar a história das mulheres.

Rute Salviano Almeida e Juan Carlos Martinez no lançamento de *Uma voz feminina calada pela Inquisição* (2012).

Rute Salviano Almeida e Maurício Zágari na ocasião de posse na Academia Evangélica de Letras do Brasil (2022)

Figura 1 - Iluminura de Cristina de Pisan em seu escritório[1]

MULHERES QUE ESCREVEM, mulheres que falam na Idade Média acerca do que ocorre no espaço invisível: o [espaço] da interioridade. Escrevem e falam de uma experiência interior. Mulheres, escrita, experiência interior: a combinação destes três elementos é explosiva e incomum na cultura medieval. É tão insólita que não parece verdade. E, sem dúvida, o é. Na Idade Média, as mulheres se apropriaram dos instrumentos de escrita para falar de si mesmas e de Deus, pois Ele foi o que encontraram em suas câmaras, em suas moradas, em seus *castelos da alma*. Rompendo as barreiras de um mundo que as havia condenado ao silêncio, alçaram suas vozes que foram ouvidas [...].

Victoria Cirlot e Blanca Gari[2]

SUMÁRIO

PREFÁCIO

EM SEU DISCURSO DE POSSE como membro da Academia Evangélica de Letras do Brasil, Rute Salviano Almeida fez uma declaração que me deixou atônito. Segundo ela, como professora durante anos em seminários teológicos, jamais fez menção a uma mulher sequer em sala de aula. Sempre, os nomes citados como grandes pensadores e personagens de influência para a construção da cristandade e a formulação do conhecimento do cristianismo foram os de pessoas do sexo masculino.

Confrontada por essa realidade, Rute lançou-se ainda mais à tarefa que tem constituído seu legado como historiadora e autora: resgatar a memória das filhas de Deus que deram sua contribuição — prática ou intelectual — à trajetória da Igreja cristã.

Essa devoção me compele a atribuir a Rute o status de pessoa essencial para a Igreja brasileira. Seu chamado divino é claro: ela dedica seus dias a instruir os leitores sobre mulheres importantíssimas para a trajetória da Igreja cristã, preservando a memória de servas do Senhor que passariam despercebidas ao brasileiro se não fosse por seu incansável e dedicado trabalho em resgatar em livros o relato da contribuição e da importância delas.

Historiadora e teóloga, Rute luta contra a falácia de que apenas figuras masculinas contribuíram para a formação da Igreja de nossos dias. Embora a predominância do homem seja evidente na chamada teologia formal, descartar o papel das mulheres na construção da história e do pensamento do Corpo de Cristo ao longo de seus dois milênios de existência é ser parcial e incompleto na exposição dos fatos. Afinal, não foram poucas as mulheres que, nas diferentes épocas da cristandade, influenciaram direta ou indiretamente a edificação do grande empreendimento celestial que é a Igreja de Cristo na Terra. E desconsiderar isso é ser desonesto ou negligente.

O papel de Rute na preservação dessa memória encontra barreiras históricas, principalmente por parte daqueles que entendem que Deus criou a mulher com a proibição de que elas deem contribuições intelectuais para a vida da Igreja e da sociedade — e que se recusam a acreditar que o Senhor permite que elas transmitam esse conhecimento a outros. Lamentavelmente, essa dedicação tem cobrado de Rute seu preço, o qual ela tem pago com destemor, persistência e ousadia.

Depois de se debruçar sobre a vida e obra de mulheres de diferentes épocas de nossa história para escrever a série *Vozes femininas no Cristianismo*, agora, Rute presenteia a Igreja com livros essenciais, que já nascem com o DNA de clássicos da literatura cristã — como *Reformadoras*, *Heroínas da Fé*, *Heroínas da Graça*, *Mártires cristãs* e este indispensável *Teólogas da Igreja Medieval*. Trata-se de um livro fundamental e inédito, pois o tema é pouco conhecido, até mesmo em se tratando da História Geral.

Pode soar estranho para alguns ouvir falar de *teólogas* na história da Igreja, em razão da crença incorreta de que somente homens deram contribuições para o pensamento, a cultura, as artes e a intelectualidade cristãs. Porém, essa estranheza rapidamente se desfaz quando se toma conhecimento de quem foram e do que fizeram as mestras dos séculos passados, que influenciaram de camponeses iletrados a comunidades e autoridades de seus dias.

Portanto, um cristão que considera ter um conhecimento histórico mínimo sobre a teologia e o desenvolvimento da cristandade não pode deixar de conhecer a história de mulheres como a escritora e educadora Duoda de Septimânia, a dramaturga erudita Rosvita de Gandersheim, as protagonistas da espiritualidade medieval que foram as beguinas, a profícua autora Margarida de Oingt, a poetisa e mestra Juliana de Norwich, a mãe da língua alemã Matilde de Magdeburgo e a erudita e escritora Hildegard de Bingen — sob pena de ter um conhecimento parcial e limitado do desenvolvimento de nossa fé no Ocidente.

Se, como argumenta R. C. Sproul em *Somos todos teólogos*, o teólogo é aquele que busca respostas sobre os ensinos da Bíblia ou os ignora intencionalmente, não temos nenhum medo ou pudor de chamar as místicas, trovadoras, mestras e escritoras medievais de teólogas. Foram mulheres que estudaram de forma coerente e ordeira o conhecimento cristão e deram a sua contribuição no entendimento e na interpretação daquilo que Deus nos revelou pelas Escrituras sagradas. A falta de um diploma formal somente as desqualificaria como tais na mente de indivíduos guiados por interpretações teológicas desfocadas.

Sim, elas produziram.

E o que produziram é, sim, teologia.

É uma enorme honra ter sido convidado por Rute para prefaciar esta obra, consciente do fato de que ela é indispensável para todo aquele que deseja falar de forma honesta sobre a trajetória da Igreja. Só posso agradecer à Rute por se permitir dar esta relevante contribuição e lançar luz sobre áreas sombreadas do nosso passado pragmático e intelectual.

Que Deus ilumine a sua leitura e supra todas as suas lacunas de conhecimento acerca das teólogas da Igreja medieval que contribuíram de forma tão significativa para a nossa árvore genealógica espiritual.

MAURÍCIO ZÁGARI
Bacharel em Teologia pela Faculdade Teológica Sul Americana, bacharel em Jornalismo pela PUC-Rio, pós-graduado em Comunicação Empresarial pela UniBF, especialista em Publishing Management pela FGV-Rio, diretor editorial da Editora GodBooks, autor de 15 livros e membro da Primeira Igreja Batista do Recreio, no Rio de Janeiro (RJ).

PALAVRAS INICIAIS

NOS MANUAIS DE TEOLOGIA ou nos livros de história observamos uma ausência total das mulheres, o que leva à suposição de que o pensamento ocidental foi exclusivamente construído por homens. Entretanto, apesar de não serem destacadas, se pesquisarmos os manuscritos, dos mais antigos aos atuais, perceberemos que as mulheres sempre estiveram presentes, contribuindo, direta ou indiretamente, de forma passiva ou ativa. A presença de algumas delas data de tempos remotos, na Filosofia Clássica Antiga, passando pela Antiguidade Tardia, pela Patrística, pela Escolástica, pela Reforma e pelos avivamentos até os dias atuais.

Na História do Cristianismo, encontramos mulheres na igreja primitiva, sendo as primeiras participantes, divulgando as boas novas de salvação, recebendo o Espírito Santo e se recusando a negar a fé quando perseguidas pelo Império Romano, o que as transformou em mártires.

Na Igreja medieval, elas desenvolveram grande comunhão com Deus, cuidando do próximo, praticando disciplinas espirituais, ouvindo a voz do seu Senhor e dele recebendo visões. Como adeptas da Reforma, descobriram a salvação pela fé e o sacerdócio universal de todos os crentes, o que as libertou da intermediação humana. Na época dos avivamentos, as mulheres desfrutaram do grande decreto de liberdade: a salvação era e sempre fora para todos. Para elas, também.

E o que dizer do início do protestantismo brasileiro? Demorou muito para que chegasse ao Brasil, de forma definitiva, as boas novas do evangelho. Mas a causa de Cristo avançou com pioneiras admiráveis e incansáveis: elas evangelizaram, educaram, civilizaram, defenderam o protestantismo, foram companheiras fiéis de seus esposos, escreveram, compuseram hinos, sofreram perdas e grandes ausências, contudo, nunca desistiram de suas vocações.

Nesta obra, especificamente, abordamos a Idade Média, um desafio gigantesco, pois o terreno é inseguro, com dificuldades no relato historiográfico acerca do que é realmente reconhecido por pesquisadores experientes. Uma vez que nosso objetivo é apresentar as mulheres e seus feitos em todos os períodos da História, não poderíamos ignorar as cristãs dessa época, apesar dos percalços. Afinal, como escreve Finke:

> Bem se pode dizer que as mulheres não foram as iniciadoras dos grandes movimentos revolucionários medievais, sejam espirituais, políticos ou religiosos. Contudo, elas não deixaram de estar presentes neles, de fomentá-los com frequência, e, em alguns casos, de levá-los a novas consequências. A mulher teve uma influência determinante na vida espiritual na cultura da Idade Média, por legar à posteridade o fogo sagrado de uma educação refinada, que os homens do mundo desconheceram durante séculos e que teólogos e cientistas possuíam de forma mais deficiente.[1]

Houve uma plenitude de graça divina entre as beguinas, mulheres que se agruparam com objetivos como o autossustento, a ajuda mútua e o cuidado dos carentes e discriminados. O principal objetivo, no entanto, era o ensino sobre Deus e sua Palavra. Essa piedade foi pleno fruto do Espírito Santo, pois era laica e voluntária, sem controle eclesiástico, algo singular na história cristã.

Algumas informações são fundamentais para o entendimento desta obra. A primeira é que a época vivenciava uma cristandade católica romana exclusiva. Portanto, o leitor não deve estranhar as práticas e crenças das personagens, que eram ditadas pela única igreja cristã existente no Ocidente, tais como: penitências, flagelos, salvação por obras, confissões, orações por mortos, veneração de santos, entre outras.

A Reforma religiosa, que trouxe doutrinas e práticas bíblicas em um retorno ao estudo e à divulgação da Palavra de Deus, só vai ocorrer no século 16, o que torna natural a produção escrita sobre papas, bispos, monges e monjas.

O misticismo medieval, que aconteceu especialmente na Baixa Idade Média, é o segundo ponto a ser entendido, pois provoca interpretações errôneas. Muitos cristãos desconfiam de qualquer experiência mística pela associação a algo estranho ao mundo real, remetendo a um desiquilíbrio mental, a uma heresia ou ao ocultismo.

Segundo alguns historiadores, a palavra "mística", quando aplicada a mulheres, substituía a palavra "teologia"; portanto, em vez de serem chamadas de *teólogas*, mulheres foram chamadas de *místicas*.

O misticismo que ocorre quando as pessoas se afastam para desfrutar de um tempo real de comunhão com Deus, ou quando do não obtêm benefícios terrenos da evangelização, é duvidoso e difícil de entender para algumas pessoas. No entanto, há uma base bíblica e teológica para ele, uma vez que o cristianismo é mais do que doutrina e conhecimento sobre esta vida, sobre a vida futura e sobre as verdades espirituais. É também um relacionamento pessoal entre o crente e o Deus vivo, e o que dirige a espiritualidade ou santificação é exatamente o aprofundamento dessa relação pessoal.

No Antigo Testamento, entre tantos exemplos, encontramos Moisés desejoso de ver a glória de Deus (Êx 33.18-23) e Jó, que apenas ouvira falar dele, declarou que naquele momento os seus olhos o contemplavam (Jó 42.5-6), tendo experimentado perdas e sofrimento, mas também bençãos e recompensas divinas. O místico cristão medieval vai além do desejo da comunhão divina, pois deseja ver ou conhecer pessoalmente a Deus, sentir sua presença e experimentá-lo.

Experimentar Deus era a grande vontade do abade francês cisterciense[2] Bernardo de Claraval, do início do século 12, considerado o maior místico da história cristã, que amava profundamente ao Senhor e foi chamado de "Doutor Amor".

Um terceiro esclarecimento relaciona-se à arte da época: ao contrário do que muitos pensam, mulheres com véus não representam apenas as monjas. O uso do véu foi um estilo de vestimenta comum na Idade Média, quando as mulheres começam a ser associadas a Maria, a mãe de Cristo, e não mais com a pecadora Eva. Inclusive, a própria virgem Maria é ilustrada à semelhança de freira ou monja.

Observaremos a recorrência da exegese e do vocabulário agostiniano nos escritos estudados, os quais acentuam a participação da consciência individual na busca de salvação, uma característica do período demonstrada nas práticas das personagens desta obra.

Outro fator de destaque diz respeito às personagens citadas, a maioria monjas ou mulheres da nobreza. Poucas são as mais simples: além das beguinas que trabalhavam para seu sustento e ajuda ao próximo, encontra-se também Catarina de Siena, que nasceu em uma família muito pobre. Por que isso ocorreu? Eram as mulheres mais abastadas ou as monjas que tinham possibilidade de receber instrução, nas próprias casas ou nos mosteiros para onde eram enviadas ainda pequenas. As mulheres pobres não eram alfabetizadas nem possuíam conhecimento para passar adiante, com exceção das tarefas domésticas. Um irmão ambicioso recomenda a uma delas:

> Se casares com um camponês,
> Serás infeliz como nenhuma outra mulher pode ser.
> Terás de fiar, de espadelar o linho,
> De descascar o cânhamo, de lavar roupa
> E de arrancar beterraba.[3]

Nossa identificação com essas medievais ocorrerá menos pelo seu tipo de vida cotidiana e mais pelos interesses espirituais em comum: amor intenso a Cristo, à Palavra de Deus e à comunhão com ele. Isso é suficiente para nos recordar da importância do conhecimento de Deus e de uma vida unida mais ao céu do que à terra.

Em uma obra como essa é sempre necessário rememorar as tensões existentes na Idade Média:

> [...] entre Deus e o homem, entre o homem e a mulher, entre a cidade e o campo, entre o alto e o baixo, entre a riqueza e a pobreza, entre a razão e a fé, entre a violência e a paz. Mas umas das principais tensões é aquela entre o corpo e a alma. [...] O corpo é desprezado, condenado, humilhado. A salvação, na cristandade, passa por uma penitência corporal. No limiar da Idade Média, o papa Gregório, o Grande, qualifica o corpo de "abominável vestimenta da alma". O modelo humano da sociedade da Alta Idade Média, o monge, mortifica seu corpo.[4]

Portanto, o monge seria o modelo humano exemplar, pois desvaloriza seu corpo. Por isso, a abstinência, a continência e, posteriormente, o misticismo encontram-se entre as virtudes mais notáveis do período.

O panorama da época e o papel feminino serão o tema do primeiro capítulo; no segundo, serão apresentadas três mulheres bem diferentes entre si, pertencentes à Alta Idade Média, todas elas eram notáveis: uma foi a rainha de um rei bárbaro; outra, uma mãe jovem, que deixou ao filho um manual de educação moral e espiritual; e ainda outra que foi dramaturga, quando o teatro havia sido banido do cristianismo.

O terceiro capítulo discorrerá sobre as espirituais e compassivas beguinas, exemplos na ação social, que acolheram os discriminados pela sociedade, como leprosos e prostitutas. Elas foram as "pastoras dos rebanhos sem pastor" e tiveram permissão para se agrupar mesmo sem estar sob obediência a uma ordem eclesiástica oficial. Serão apresentadas as beguinas de contemplação, que se dedicaram à comunhão com Deus e dele receberam visões, tendo vertido no papel suas experiências. Algumas foram consideradas mães das línguas europeias, pois foram as primeiras escritoras nas línguas populares de seus países, transmitindo a Palavra de Deus em uma língua que o povo entenderia e por meio da qual ele poderia ser edificado.

No quarto capítulo, enfocaremos as espirituais medievais, mulheres com dons singulares e visões diferenciadas. Só uma delas foi uma monja (cartuxa), as outras eram uma leiga e uma anacoreta.[5]

As trovadoras de Deus serão o assunto do quinto capítulo. Elas foram eruditas espirituais, contempladas com dons singulares para a época e, na liberdade do exercício dessas capacitações, receberam sonhos, visões e talentos especiais, colocando-os em prática sob a orientação divina. Foram profetisas (porta-vozes do Senhor) e exortadoras, tendo aconselhado até mesmo reis, nobres e papas que não cuidavam do bem-estar físico e espiritual do povo. Hildegard de Bingen foi o destaque por sua pluralidade de papéis: além de sibila (profetisa), era escritora, poetisa, cientista, maestra, compositora e musicista. Ela também pesquisou e escreveu sobre medicina natural, sendo sua obra utilizada até hoje.

Por fim, no sexto capítulo, apresentaremos aquelas que podem ser consideradas mestras e teólogas, por seu grande conhecimento das obras clássicas e do latim, como também por serem reconhecidas como doutoras da Igreja, mesmo que posteriormente.

As mulheres sempre desempenharam — e continuam a desempenhar — múltiplos papéis. Não foi diferente na Idade Média, e, apesar de terem sido agrupadas por capítulos, em virtude da diversidade de suas vocações, dons e visões espirituais também foram apresentadas em outros quando necessário.

As místicas medievais declararam-se inaptas, iletradas e pessoas de pouco valor; mas foram de tal modo capacitadas por Deus que o vivenciaram em seus cotidianos e no íntimo de seus corações. Quem sabe sua extrema humildade de espírito as tornou assim; da contemplação foram para a ação e, guiadas divinamente, agiram conforme a recomendação que o profeta Ezequiel recebeu do Senhor:

A palavra do Senhor veio a mim, dizendo:

— Filho do homem, profetize contra os pastores de Israel; profetize e diga-lhes: Assim diz o Senhor Deus: "Ai dos pastores de Israel que apascentam a si mesmos! Será que os pastores não deveriam apascentar as ovelhas?

Vocês comem a gordura, vestem-se da lã e matam as melhores ovelhas para comer, mas não apascentam o rebanho. Vocês não fortaleceram as fracas, não curaram as doentes, não enfaixaram as quebradas, não trouxeram de volta as desgarradas e não buscaram as perdidas, mas dominam sobre elas com força e tirania.

Assim, elas se espalharam, por não haver pastor, e se tornaram pasto para todos os animais selvagens.

As minhas ovelhas andam desgarradas por todos os montes e por todas as colinas. As minhas ovelhas andam espalhadas por toda a terra, sem haver quem as procure ou quem as busque".

— Por isso, pastores, ouçam a palavra do Senhor:

> Tão certo como eu vivo, diz o Senhor Deus, visto que as minhas ovelhas foram entregues à rapina e se tornaram pasto para todos os animais selvagens, por não haver pastor, e que os meus pastores não procuram as minhas ovelhas, pois apascentam a si mesmos e não apascentam as minhas ovelhas, por isso, pastores, ouçam a palavra do Senhor:
>
> Assim diz o Senhor Deus: Eis que estou contra os pastores e lhes pedirei contas das minhas ovelhas. Farei com que deixem de apascentar ovelhas, e não apascentarão mais a si mesmos. Livrarei as minhas ovelhas da sua boca, para que já não lhes sirvam de comida (Ez 34.1-10 – NAA).

Sigamos seus exemplos. Que ninguém ao nosso redor pereça espiritualmente por falta de conhecimento!

Figura 2 – Penteado medieval com penas e pérolas (Botticelli)[1]

CAPÍTULO 1

BREVE PANORAMA E O PAPEL FEMININO NA IDADE MÉDIA

Figura 3 – Mãe envolvendo seu bebê (Giuseppe Gambarini)[2]

"

No decorrer da Idade Média, o pensamento teológico, tomando como base o livro de Gênesis, fez cair sobre a mulher o mais transgressor dos pecados para justificar de algum modo sua culpabilidade. A mulher tornou-se, assim, alvo de significação de uma moral que, ao mesmo tempo, a fazia temida e desejada. Símbolo desprezível, mas sedutor, seguiu a mulher o caminho da serpente. É essa tradição que se perpetua durante a Idade Média, quando a mulher acha-se na absoluta dependência do pai e do marido.[3]

"

PANORAMA HISTÓRICO[4]

A Alta Idade Média

Figura 4 – O cotidiano na Idade Média[5]

Para fugir da fome, da peste e da violência, os sobreviventes do fim do Império Romano passaram a reunir-se majoritariamente nas zonas rurais, onde ficavam as grandes propriedades de antigos patrícios. Lá eles tinham proteção e comida, mas eram obrigados a pagar isso com trabalho. Com o tempo, esses locais converteram-se nos feudos.[6]

O PERÍODO REFERENTE à Idade Medieval é extenso, razão pela qual foi dividido em duas épocas distintas: uma, denominada Alta Idade Média, que vai do século 5 ao 10, engloba cerca de cinco séculos de grandes transformações, que deram origem ao feudalismo; outra, chamada de Baixa Idade Média, compreende o período entre os séculos 11 e 15.

A transição para o período medieval inicia-se com a queda do Império Romano do Ocidente, em 476. Com sede em Constantinopla, a parte oriental do Império, que ficou conhecida como Império Bizantino, continuou a existir até o século 15, ou até a tomada de sua capital pelos turcos otomanos, em 1453.

No século 3, a corrupção e a disputa pelo poder corroíam o Império Romano, fazendo com que seu território ficasse vulnerável e suas fronteiras fossem invadidas. Nesse momento, apareceram os povos germânicos, que habitavam além das fronteiras e passaram a migrar à procura de lugares mais férteis, fugindo de climas rigorosos.

Godos (escandinavos), alamanos (alemães), vândalos (noruegueses), hunos (mongoleses), saxões (ingleses), francos (franceses) e anglos (germânicos) são apenas alguns dos bárbaros que assolaram as terras do Império. O termo bárbaro era usado para expressar o desprezo romano pelas culturas alheias, as quais não eram consideradas avançadas o suficiente e falavam outros idiomas.

As invasões traziam destruição, o que afetava mais a economia e ampliava a profundidade da crise romana. O Império tentou se reestruturar por meio de reformas: congelamento de preços, criação de uma nova capital (Constantinopla), divisão em Império Romano do Ocidente e Império Romano do Oriente, no entanto, tudo foi em vão, e o lado ocidental sucumbiu.

Na Idade Média, a Europa viu a estruturação do feudalismo, o surgimento de novos reinos e idiomas, a expansão do cristianismo e o fortalecimento da Igreja Católica. Esta era a base do modo de vida feudal que vigorou na maior parte daqueles reinos:

"Cada homem tem um senhor ao qual deve lealdade e obediência e do qual recebe proteção."[7] O líder político era o suserano, espécie de rei, mas o poder dele não era absoluto e ocorria em uma relação de dependência com outros nobres, conhecida como vassalagem.

No campo econômico, a Alta Idade Média caracterizava-se pela retração econômica, pelo trabalho servil e pela economia dependente da produção agrícola, uma consequência da ruralização europeia. A produtividade, por sua vez, era baixa, mas foi aumentando conforme se aproximava o século 10. O comércio tornou-se quase inexistente, e a circulação de moeda também era raridade.

O artesanato era fraco devido à pouca mão de obra disponível e aos poucos consumidores. Além disso, a falta de matéria-prima contribuía para uma baixa produtividade e uma condição precária de subsistência nas cidades europeias.

Na política, os francos constituíram na região da Gália o reino mais bem-sucedido da Europa Ocidental ocupada pelos povos germânicos. O auge de seu domínio se deu a partir do século 8, e eles passaram a ser chamados de carolíngios em 751. Os antigos governantes eram os merovíngios, os quais foram destituídos sob a alegação de serem cruéis e maus governantes, sendo substituídos pela Dinastia Carolíngia. Tal ascensão contou com o apoio do papa Estevão III.

Seu principal expoente foi Carlos Magno, que governou de 768 a 814, período no qual o Império Carolíngio se expandiu consideravelmente por meio de grandes campanhas de cristianização, sendo que uma das suas vitórias mais significativas ocorreu contra os lombardos, no norte da Península Itálica. Apesar de admirado e considerado um rei forte, a glória de seu império teve alicerces sangrentos. Ele empreendeu 54 guerras em 43 anos de reinado, entre elas, a "campanha contra os saxões encontrou resistência tão obstinada que, por fim, Carlos Magno ordenou a decapitação de

4500 deles. Típico do espírito da época foi ter-se feito tudo isso sob pretexto de induzir os pagãos a adotar o cristianismo".[8]

Triste cristianismo, falso cristianismo, que entende ser melhor matar do que evangelizar. Nada se compreendia do que era ser um cristão. Depois da morte de Carlos Magno, o Império Carolíngio se enfraqueceu e acabou fragmentado décadas depois.

O enfraquecimento do Império Romano e o início da Alta Idade Média contribuíram para o crescimento e fortalecimento da Igreja Católica. Por meio do Édito de Tessalônica, em 380, ratificado por Teodósio I, o catolicismo tornou-se a religião oficial do Império Romano e, de religião perseguida, passou a ser perseguidora dos pagãos.

Contando com aparato de poder romano, o cristianismo pôde consolidar-se e enfraquecer as religiões pagãs. Com a crise final do Império Romano Ocidental, a Igreja ocupou o vazio deixado pelo Estado e firmou sua posição de poder como instituição. Além de tudo, a cristianização dos povos germânicos serviu de ponto de encontro da cultura germânica com a latina.

Nesse período, o poder secular que existia em Roma foi transferido para as mãos da Igreja, e muitas cidades europeias na Alta Idade Média foram governadas pelo bispo local. Gradativamente, as autoridades católicas conseguiram estruturar e expandir a Igreja, combatendo heresias, normatizando a fé católica e estabelecendo formas de controle tanto dos padres quanto dos fiéis.

Por fim, a consolidação da Igreja ocorreu por seu sucesso em conduzir o poder secular. Os reinos germânicos estabelecidos na Europa Ocidental, que tinham sido recentemente cristianizados, buscavam o respaldo das autoridades eclesiásticas. Isso concedeu riqueza e posses à Igreja; com isso, o Império Romano começou a ser conhecido como Império Romano Germânico, e a partir do século 13 passou a ser chamado de Sacro Império Romano Germânico.

A Baixa Idade Média

Figura 5 – Feira nos séculos 13 e 14[9]

Muito antes da famosa Renascença dos séculos 14 e subsequentes, a Europa Ocidental começara lentamente a emergir da ignorância e do barbarismo da Idade das Trevas. Já no ano 800 podiam-se notar sinais desse lento despertar. Durante os cinco ou seis séculos que se seguiram, a cristandade latina despiu-se dos velhos agasalhos hibernais do arrependimento e da vida extraterrena e vestiu o traje mais leve do homem que está disposto a viver neste mundo e a modelar o ambiente em proveito próprio.[10]

EM 1043, MIGUEL CERULÁRIO se tornou patriarca de Constantinopla; em 1049, Leão IX passou a ocupar o trono papal. Leão queria que Miguel se submetesse à Roma e enviou homens à Constantinopla com essa finalidade, porém Miguel negou-se a recebê-los. Por isso, o Ocidente excomungou Miguel e este, por sua vez, excomungou Leão, ambos afirmando que o outro não era um cristão verdadeiro. Uma igreja não reconhecia a outra e, como consequência, em 1054, ocorreu um racha, com a divisão definitiva entre Igreja Oriental e Ocidental por diferenças que se tornaram irreconciliáveis.

As igrejas, além de estarem geograficamente afastadas, cada qual em um extremo, eram divergentes em muitas coisas. O Oriente, por exemplo, usava o grego, já o Ocidente, o latim; havia divergências na forma da missa, no pão utilizado, nas datas da quaresma e no celibato. No Oriente, o clero podia casar-se e utilizar barba; além disso, a ideia de purgatório não era aceita. Outra divergência é a forma de batismo, realizada por imersão; para os ortodoxos seria incocrente, até mesmo pelo próprio significado linguístico, um batismo (mergulho) por aspersão.[11]

Em 1075, após a separação entre a Igreja Católica Romana e a Igreja Católica Ortodoxa, o papa Gregório VII afirmou não só que a Igreja Católica Ortodoxa foi fundado pelo Senhor, mas que seu bispo é o único que pode receber o título de "universal". Ele também declarou que o papa tem autoridade para julgar e depor os bispos, que o Império Romano Germânico lhe pertence, que é ele quem tem o direito de outorgar as insígnias imperiais, assim como de depor o imperador. Por fim, afirmou que a igreja de Roma nunca errou nem pode errar, que o papa tem o poder de anular os juramentos de fidelidade feitos por vassalos a seus senhores e que qualquer papa legítimo, por ocupar a cátedra de São Pedro e em virtude dos méritos deste apóstolo, é santo.

Entre 1095 e 1291, as Cruzadas constituíram-se em uma mistura de guerra, peregrinação e penitência. Eram expedições militares organizadas pelas potências cristãs europeias com o objetivo de combater o domínio islâmico na chamada Terra Santa, reconquistando Jerusalém e outros lugares. Os guerreiros cruzados, também conhecidos como "peregrinos penitentes", acreditavam que seus pecados seriam perdoados se completassem a jornada e cumprissem a missão divina de libertar locais sagrados.

Esses cavaleiros e soldados tinham como símbolo a cruz, bordada no manto que trajavam — daí o nome pelo qual ficaram conhecidos. Seus motivos não eram, porém, exclusivamente religiosos. Mercadores emergentes viram nas cruzadas uma oportunidade de ampliar seus negócios, abrindo novos mercados e obtendo lucro ao abastecer os exércitos que atravessavam a Europa a caminho do Oriente.

Seguindo o discurso do papa Urbano II, os cruzados afirmavam fazer tudo em nome de Deus. Era dever do homem medieval, enquanto servo de Deus, combater o infiel muçulmano, libertar os cristãos sob o poder dos turcos, liberar o caminho para as peregrinações à Terra Santa e, assim, obter a indulgência plena concedida pelo papa:

> Seja, pois, esta a vossa voz, o vosso grito de guerra, posto que ele vem de Deus. Quando fores ao ataque dos belicosos inimigos, seja este o grito unânime de todos os soldados de Deus: "Deus o quer! Deus o quer!". Nós não convidamos a empreender este caminho aos velhos ou àqueles que não são aptos para portar armas, nem as mulheres; que as mulheres não partam sem seus maridos ou sem irmãos ou sem representantes legítimos: todos estes são mais um impedimento do que uma ajuda, mais um peso do que uma vantagem. Que os ricos sustentem os pobres e levem a seu custo homens prestes para combater. Aos sacerdotes e clérigos de qualquer ordem não seja lícito partir sem licença de seu bispo, porque esta viagem lhes seria inútil sem esse assentimento; e nem sequer aos leigos seja permitido partir sem

a bênção de seu sacerdote. Todo aquele que queira cumprir esta santa peregrinação e que faça promessa a Deus e a ele se tenha consagrado como vítima viva, santa e aceitável, leve sobre seu peito o sinal da cruz do Senhor. Aquele que, após ter cumprido seu voto queira retornar, dê meia-volta. Cumprirão assim o preceito que o Senhor dá no evangelho: "Quem não carrega sua cruz e não vem detrás de mim não é digno de mim".[12]

Em 1302, o papa Bonifácio definiu as pretensões papais com a *Bula Unam Sanctam*:

> Somos obrigados pela fé a crer e a confessar — e firmemente cremos e sinceramente confessamos — que existe uma só Igreja santa, católica e apostólica e que *fora dessa Igreja não há salvação nem remissão dos pecados*. [...] Além disso, declaramos, afirmamos, definimos e pronunciamos que é absolutamente necessário para a *salvação de cada criatura humana que ela esteja sujeita ao pontífice romano*.[13]

Bernardo de Claraval, que influenciou a escolha do papa Inocêncio II e de Eugênio III, em 1145, indignava-se com a cobiça dos líderes eclesiásticos e com papas cercados de pessoas corrompidas, inescrupulosas, indolentes e mundanas. Ele indaga:

> No entanto, qual é o vosso poder? Um domínio a fazer render? De modo algum? Uma tarefa a assumir. A cátedra pontifícia orgulha-vos, mas é somente um posto de vigilância, um lugar elevado de onde, como uma sentinela, podeis passear o vosso olhar sobre o mundo, um mundo que não é propriedade vossa e está apenas sob a vossa responsabilidade: a posse é de Cristo.[14]

O poder da Igreja cresceu muito até 1305, quando o francês Clemente V foi eleito papa. No entanto, ele não foi à Roma e estabeleceu sua corte papal em Avignon, na França. Os papas católicos permaneceram lá por 70 anos, como vassalos dos reis franceses, num período que ficou conhecido como Cativeiro Babilônico da Igreja (1305—1376). Nesse cenário, Clemente foi considerado uma marionete que promoveu os interesses de Felipe IV, a quem devia sua nomeação. A questão dessa interferência só foi solucionada em 1311, no início do Concílio de Viena.

O suave declínio do papado teve inúmeras causas, entre elas estão as Cruzadas, as rígidas fórmulas de doutrinas e práticas, a corrupção reinante em Roma, o favoritismo, o mercantilismo, a imoralidade, a prostituição, os nascimentos ilícitos, os infanticídios, os abortos criminosamente provocados, o predomínio do celibato obrigatório e da vida monástica.

RETRATOS DA VIDA MEDIEVAL

O papel feminino[15]

Figura 6 – Mulher medieval fiando[16]

A definição dos papéis e dos lugares das duas "metades" encontra-se expressa nos próprios símbolos que as designavam: ao homem, a espada, à mulher, a roca. Ao homem, um símbolo de força, virilidade e violência; à mulher, um símbolo do trabalho doméstico, consubstanciado na imagem de um instrumento para fiar tecidos. Ao homem, o símbolo de uma tarefa realizada nos campos de batalha; às mulheres, o símbolo de uma tarefa realizada na vida privada.[17]

DURANTE A IDADE MÉDIA, o mais transgressor dos pecados, o pecado original, foi atribuído exclusivamente à mulher, em uma interpretação do livro de Gênesis. Como observa Georgia Santos na epígrafe deste capítulo, isso a transformou num símbolo duplo: ao mesmo tempo desprezível e sedutora, adjetivos associados à serpente. Tal visão negativa ecoou na anulação social das mulheres do período, as quais eram absolutamente dependentes de figuras masculinas, como o pai e o marido:

> No tempo de Clóvis I (Rei dos Francos 466—511), o *mundium* pesa sobre a mulher durante toda a sua vida. Os francos renunciaram à castidade germânica; na época dos merovíngios e dos carolíngios, reina a poligamia. "A mulher não tem direito algum como pessoa [...] é casada sem seu consentimento, repudiada segundo os caprichos do marido que tem sobre ela direito de vida e morte. Tratam-na como uma serva. É protegida pelas leis, mas na qualidade de propriedade do homem e mãe de seus filhos".[18]

Essa tutela dos incapazes, como crianças e mulheres, deixa de ser um direito de família e se torna um encargo público. Ao repudiar o universo feminino, a ideologia cristã medieval, infelizmente, favorece a opressão feminina.

Os homens detinham o direito de castigar as esposas, como a uma criança, um doméstico, um escravo ou um animal. Tratava-se de um direito de justiça inquestionável. No final do século 12, encontramos, por exemplo, o livro de costumes do jurista francês Filipe de Beaumanoir, no qual consta o direito facultado ao marido de, em nome da honra, mandar prender e "corrigir" com punições físicas os excessos de uma mulher. O pregador e moralista italiano Bernardino de Siena anuncia em um sermão: "E vós, esposo, não batais na vossa esposa quando ela estiver grávida, pois há nisso grande perigo. Reparai que não digo: nunca lhe batais; mas escolhei o momento".[19]

Odão de Cluny, no século 10, ensinou seus monges a temer as mulheres, afirmando que a beleza do corpo estava somente na pele e que, se vissem o que estava debaixo da pele, eles teriam náuseas: "Então, quando nem mesmo com a ponta dos dedos suportamos tocar um escarro ou um excremento, como podemos desejar abraçar esse saco de excrementos?".[20]

Tais perspectivas ignoravam as palavras do apóstolo Pedro, cujos conselhos diziam que a mulher deveria ser tratada com honra, como um vaso mais frágil (1Pe 3.7), e também a declaração do apóstolo de que, em Cristo, não há qualquer diferença entre homem e mulher, judeu e grego, escravo e livre (Gl 3.28).

Quanto à educação feminina, Jerônimo, o pai da Igreja, estabeleceu o preceito: *sexus femineus suo fungatur sexui* (mulheres devem reunir-se com mulheres). Para ele, não deveria existir camaradagem entre homens e mulheres; meninos eram proibidos de frequentar escolas de meninas e vice-versa.

O programa de educação para a mulher medieval ainda era o de Jerônimo, que foi escrito no início do século 5. Os teólogos capadócios Gregório de Nissa, Basílio de Nissa e Gregório Nazianzeno forneceram obras excelentes sobre a educação, porém, elas não exerceram influência no Ocidente. As epístolas de Jerônimo, por outro lado, ocupavam um lugar privilegiado na pedagogia. Ele enfatizava que o mais importante para a menina não era o conhecimento geral, mas sim "cardar (pentear) a lã, manejar a roca, dar voltas ao fuso e afiar o fio com o polegar".[21]

A educação da mulher era mais baseada nas tradições, costumes e ditos humanos do que na Palavra de Deus, e essa ideia continuou sendo repetida na Baixa Idade Média, quando Godofredo de Vandoma, em 1095, declarou:

> Este sexo envenenou o nosso primeiro pai, que era também o seu marido e pai, estrangulou João Batista, entregou o corajoso Sansão à morte. De uma certa maneira, também matou o Salvador,

porque, se a sua falta o não tivesse exigido, o nosso Salvador não teria tido necessidade de morrer. Desgraçado sexo em que não há nem temor, nem bondade, nem amizade e que é mais de temer quando é amado do que quando é odiado.[22]

O pecado de Gênesis, conhecido como pecado de orgulho, torna-se na Idade Antiga e Média um pecado sexual. E a mulher, que se tornou culpada por esse pecado, ocupou o lugar inferior, pois tem o corpo como base. A mulher paga com sua própria carne o pecado que foi transformado pelos clérigos em pecado sexual. Mesmo a fecundação passou a ser atribuída exclusivamente ao sexo masculino.

Na sua *História dos francos*, Gregorio de Tours narra que no Concílio de Macon, em 505, um bispo sustentou que a mulher não podia ser chamada *"homos"*. Outros bispos retificaram o erro, afirmando que Deus criou a humanidade e que "nosso Senhor Jesus Cristo foi chamado *Filius Hominis*, porque ele é o Filho da Virgem, isto é, da mulher".[23]

Até o final do século 16, o debate acerca da humanidade da mulher continuou. Ela tinha alma? Eram usados como fundamentos a falta de declarações bíblicas claras sobre elas terem sido feitas à imagem de Deus, a ausência de nomes de mulheres nas genealogias bíblicas, e o uso de *vir* (pessoa masculina) e não *homo* (ser humano) para os salvos em Efésios 4.13. Um autor argumentou que, "ainda que o livro de Atos mencione batismo de mulheres, isso não prova que elas sejam humanas, uma vez que na Igreja Católica os sinos também são batizados".[24]

Os "vícios femininos" foram elencados por Etienne de Fougères, bispo de Rennes do século 12, em seu *Livro das maneiras*. O primeiro seria manipular o curso das coisas, usando segredos, tornando-se feiticeiras; o segundo seria enfeitiçar os homens, domando-os com encantamentos, sortilégios ou com bonecos de vodu; por fim, o terceiro — e, de acordo com ele, o que mais as afetava — seria a luxúria, um desejo incontrolável que as conduziria ao adultério.

A mulher era considerada uma Eva, uma serpente, um sujeito da tentação e do mal. Os escolásticos e outros eruditos da época também assim criam, pregavam e escreviam. Um contraponto a essa concepção foi a comparação da mulher não à Eva, mas à Maria, o que gerou um pouco de equilíbrio nessa amarga conceituação feminina. Isso, no entanto, ainda não foi suficiente.

Reconhecendo as grandes dificuldades para trazer à memória esse tema, é importante observar que, na Idade Média, um período carregado de tantos preconceitos, houve uma rica produção feminina e um importante exercício de autoridade pelas mulheres. Elas foram referências na Teologia, na Medicina, na Pedagogia, nos negócios, na poesia; enfim, falaram e escreveram, e suas falas e seus textos foram aceitos, seguidos e serviram de instrumento para transmitir conhecimento.

No entanto, ainda era latente um profundo processo de anulação, por meio das mais diversas estratégias: uso de pseudônimo masculino em suas obras, proibição de circulação dos textos, questionamento da autoria, questionamento do sexo do autor ou desqualificação.

A família medieval

Figura 7 – O casamento medieval[25]

A família se encarregava da educação dos próprios filhos e dos de outras famílias também. Meninos e meninas trabalhavam em casa, nos campos e nas oficinas, aprendendo profissões úteis [...]. Os filhos eram educados pelos pais. Os meninos das famílias pobres serviam como pajens nos castelos dos nobres para aprender boas maneiras. [...] As meninas aprendiam a ler, bordar e tocar instrumentos musicais.[26]

O LAR MEDIEVAL ERA um povoado com cerca de 500 habitantes. As casas eram construídas lado a lado, em volta da igreja ou no meio das florestas ou colinas. Cada povoado tinha um poço comunal ou regato, moinho-de-vento e forno para o pão. A terra dos senhores ficava em uma área separada e cercada.

Temos apenas indícios do papel feminino na Antiguidade pagã e cristã porque poucas mulheres escreveram, portanto não se sabe quase nada de suas vidas. No Ocidente, a mulher era um pouco mais companheira do homem; no Oriente, era sua servidora ou até mesmo seu joguete. Na Índia, a legislação de Manú[27] determinava: "Nunca deve a mulher seguir a própria vontade: dia e noite tem que se manter submissa".[28]

Em todos os tempos, o matrimônio e o amor determinaram em maior grau o destino e a posição da mulher, sobretudo na Idade Média. No direito alemão, apesar de não ser considerada objeto, ela estava sob o poder absoluto do homem.

O cristianismo deu à mulher a possibilidade de ser independente espiritualmente e se tornar mais do que filha, mãe ou esposa de alguém. Além disso, fez a defesa de casamentos monogâmicos, valorizando-a como esposa única.

A jovem medieval deveria considerar-se casada já ao ficar noiva, ainda que contra a sua vontade. Os casamentos eram realizados nas próprias casas; na França, por exemplo, o casal era literalmente conduzido para a cama, remontando práticas primitivas. Inicialmente, os matrimônios eram realizados pelos próprios pais e, posteriormente, passou a ser celebrados pelo padre.

> Em 1194, Arnoude, o filho mais velho do conde de Cuines, contraiu núpcias em casa. Um dos padres que oficiou a cerimônia escreveu este registro: "Quando o marido e a esposa se uniram na mesma cama, o conde nos chamou — um outro padre, meus dois filhos e eu" até o quarto. Vale notar que o padre era casado e pai de dois filhos, que também eram padres. O conde ordenou

que os recém-casados fossem abençoados com água benta, a cama perfumada com incenso e o casal "entregue" a Deus. Em seguida, o conde invocava as bênçãos de Deus pedindo que o casal "vivesse no amor divino do Senhor, permanecesse em harmonia e que sua semente se multiplicasse ao longo dos dias".[29]

Naquela época, as viúvas germânicas ou romanas tornavam-se cabeça da família e assumiam o controle dos bens, sendo as guardiãs dos filhos. As solteiras ficavam sob a tutela de sua família até a idade da maturidade, que era de 25 anos. As moças casavam-se muito jovens; comprometidas aos doze, casavam-se aos 15 anos.

Nas regiões bárbaras, a mulher era propriedade do homem, pois fora comprada por ele. Até o século 13, nos reinos que ocupavam os territórios das atuais Alemanha e Noruega, o homem tinha o direito de vender seus filhos e sua mulher. Na Frísia, ocorreu um caso de um menino que aos 7 anos ficou órfão de pai e, conseguindo a emancipação, tornou-se tutor de sua mãe. Na esfera da nobreza, todos os reis foram polígamos, possuindo múltiplas esposas e concubinas.

O casamento passava por três fases: o pedido, os esponsais e as núpcias. O pretendente oferecia um penhor e, se aceito, o compromisso não podia ser quebrado: "Pela lei burgúndia, um noivo repudiado podia pedir apenas 300 soldos, mas se uma moça comprometida se casasse com outro, podia ser morta".[30]

A mensagem que a Igreja passa aos fiéis e que alimenta o seu imaginário é de uma profunda diversidade no tratamento dos homens e das mulheres: os primeiros são pecadores devido ao uso excessivo de suas capacidades e iniciativas, ou por serem incapazes de controlar impulsos e sentimentos; as outras, pelo contrário, não devem empenhar-se em nada, porque seu corpo já as transporta inexoravelmente para a transgressão; não são um sujeito pecador, mas um modo de pecar, oferecido ao homem.[31]

Quanto à vida eclesial, o preconceito permeou todas as épocas, e as mulheres foram impedidas de falar, de ensinar e de exercer liderança nas congregações. Contudo, nas arenas, na hora do martírio, eram iguais, pois diante dos animais selvagens e dos gladiadores foram parceiras fiéis.

Entretanto, Deus, o Senhor e Salvador de todas elas, sempre levantou defensores que reivindicavam sua igualdade como cristãs. Na época de Clóvis, Cesário de Arles escreveu sermões desmascarando a hipocrisia dos homens que exigiam a pureza sexual dos membros de suas famílias enquanto intentavam proezas sexuais e até se vangloriavam acerca delas aos seus amigos.

Nesse contexto, a vida da rainha Clotilde, a primeira personagem que estudaremos no próximo capítulo, torna-se ainda mais bela por seu matrimônio e pela influência que conseguiu exercer sobre um soberano poderoso daquela época, seu esposo pagão Clóvis, que se tornou o primeiro rei franco da história.

Moda e costumes[32]

Figura 8 – O penteado alto medieval[33]

O moralismo do cristianismo obrigou as mulheres a esconder seus cabelos por baixo de toucas ou véus por alguns séculos. As mulheres da corte e dos feudos só podiam ficar sem touca longe dos homens. Para a igreja, os cabelos representavam a parte erótica da mulher. Por isso, era comum elas rasparem a cabeça na linha da testa, das orelhas e da nuca, para que nada aparecesse quando a touca saísse do lugar.[34]

O LENÇO DE CABELO da época carolíngia foi substituído pela grinalda de flores ou pelo diadema cravejado de pérolas e joias preciosas, que posteriormente foram substituídos pela tiara e pela coroa; as meninas enfeitavam os cabelos soltos com flores para simbolizar o frescor da juventude, e as matronas usavam uma touca bem ajustada à cabeça e amarrada ao queixo, simbolizando a responsabilidade da maturidade.[35]

Para o uso de toucas, chapéus ou véu, surgiu a moda do penteado alto, que necessitava de uma testa sem cabelos para melhor segurar o ornamento escolhido. A seguir, lemos uma receita de depilação capilar da época:

> As damas de Salerno fazem um unguento chamado *silotre*, por meio do qual conseguem fazem desaparecer os pelos, os cabelos ou o que quer que seja. Elas juntam meia tigela de cal bem seca e peneirada e colocam num saco. Em seguida, depositam esta cal num recipiente cheio de água, fervendo e mexendo até misturar. Para saber se está no ponto, colocam uma asa de pássaro dentro do líquido, até que as penas se soltem. Então, esfregam com as mãos o líquido quente sobre os pelos, e depois enxugam. Podereis proceder do mesmo modo, mas é bom tomar cuidado e não deixar por muito tempo, porque ele esfolará a pele.[36]

Enquanto filhas de Eva, as mulheres da Europa Medieval sofreram com a concepção cristã do vestuário como evidência do pecado: elas eram bonitas por fora, mas pecaminosas por dentro. As vestes suntuosas das damas medievais enfureciam os moralistas, cujas críticas comparavam suas caudas a dos animais; havia também a moda dos penteados fantásticos. Uma sátira francesa descrevia as mulheres que usavam toucados de duas pontas — ou *cornettes* (cornos, chifres) — como diabos enfurecidos, picando e batendo nos homens em sua passagem, sugerindo que, por meio de modas tão frívolas, as mulheres reencenassem perpetuamente a tentação original e a derrota de Adão por Eva.

A figura 8 mostra o penteado alto, estranho aos nossos olhos:

> Na opinião autorizada de Tomás de Aquino, o amor da mulher pelas roupas podia ser tratado como um pecado venial quando era induzido pela vaidade mais do que pela luxúria; os pregadores mendicantes posteriores consideravam-no como um pecado mortal.[37]

Sempre existiu a rebeldia, ou a não conformação às ordens das igrejas ou dos governos políticos. Essa interpretação muito séria da moral da moda não deixou de ser contestada pelas mulheres de Flandres e Artois, as quais tinham sido forçadas a renunciar aos seus penteados por causa da pregação do monge Tomás Couette, em 1428. Um trecho do poema *Mulher de Bath*, de Chaucer,[38] relata o fato:

> Tu dizes também que se nós nos enfeitamos
> Com roupas e com preciosos atavios,
> É com perigo da nossa castidade,
> E, miserável, tens que reforçar a tua posição
> Dizendo estas palavras em nome do Apóstolo:
> "É com traje feito de castidade e pudor
> Que vós, as mulheres, vos vestireis", diz ele,
> "E nada de tranças e de pedras preciosas,
> Como as pérolas, nem ouro, nem ricas roupas".
> Por nada deste mundo me submeterei
> Ao teu texto ou às tuas normas.[39]

Para a mulher pobre era impossível possuir muitas roupas, pois essas eram caras, costuradas à mão e precisavam durar muitos anos. Para os ricos, eram feitas de lã, linho, cânhamo e seda. A melhor lã vinha da Espanha, e tudo era fiado e tecido em rocas e teares manuais, manejados sobretudo por mulheres.

Tarefas femininas e maternidade

Figura 9 – Medievais fazendo massa[40]

Ermentrude, mulher de Brodo, estava encarregada do lar e ajudava o seu marido sempre que este precisava: para além de criar galinhas e de velar para que elas pusessem ovos, tosquiava as ovelhas, fazia os tecidos, as linhas e o vestuário, e lavava-o quando estava sujo.[41]

NO INÍCIO DA IDADE MÉDIA, a mulher se ocupava com o campo, a casa e o gado. Era ela quem administrava as crianças, os servos e os escravos, além de alimentar toda a família e educar os filhos. Posteriormente, os homens passaram a desempenhar tarefas industriais e trabalhos mais difíceis como os de ferreiro, padeiro, sapateiro, cervejeiro, carpinteiro, entre outros.

> Junto a estas ocupações varonis reservaram-se à mulher a cozinha, a despensa, a horta, o estábulo, e desde o princípio a confecção de roupas em todas as suas fases: da preparação do linho, até a tecelagem e o tingimento, o corte, o coser e bordar. Esta foi sua intervenção tanto nos países germânicos como nos latinos.[42]

A questão do serviço doméstico foi descrita por Cristina de Pisan, uma profícua escritora na Baixa Idade Média, período no qual a cientista Hildegard de Bingen atuou produzindo manuais científicos e outras mulheres também escreveram sobre partos e artes cosméticas. Nesse período existiram, inclusive, algumas médicas.

Quanto ao cuidado com os filhos, a procriação e a educação eram um dos bens do casamento e o principal fator do vínculo conjugal. Para a mulher, no entanto, gerar filhos representava, ao mesmo tempo, a condenação pelo pecado de Eva (Gn 3.16), o instrumento para redimir esse pecado e alcançar a salvação (1Tm 2.15) e o auxílio mais natural que Deus dispôs em benefício do homem (Gn 2.18). Gerar filhos até a morte, afirmou o dominicano Nicolau de Gorran, no século 13, constitui a alternativa real à conquista da salvação, que só poderia ser atingida por meio da virgindade.

O termo "matrimônio" indicava o conjunto das funções maternas relativas aos filhos, em contraposição ao termo "patrimônio", que aludia à relação especificamente masculina com os bens materiais.

A culinária e as doenças[43]

Em primeiro lugar, devemos destruir o preconceito de que a Idade Média foi o período das trevas e que a alimentação era algo horrível, podre e gorduroso, ideia essa que nos foi deixada pelos historiadores do século 19 durante a época vitoriana. O que devemos considerar é que o paladar medieval era bem diferente do nosso e criar as nossas opiniões particulares a partir desse pressuposto. Muito influenciou a alimentação medieval o sucesso de um cultivo, o acesso aos bens, a cultura de um país, a religião, as classes sociais etc.[44]

Na Idade Média, fazia-se uso de muitas especiarias. Algumas receitas chegavam a levar mais de catorze tipos diferentes, e nenhum prato era considerado bom se não utilizasse, pelo menos, de duas a quatro especiarias, como na receita a seguir:

Receita de hippocras [Vinho temperado]

1 litro de vinho tinto doce

Chávenas de chá de mel

1 colher de sopa de canela ralada ou em pó

Cardamomo

Gengibre

Pimenta branca

Cravinho

Erva-doce

Ferver o vinho com o mel, retirar a espuma e tirar do lume [fogo]. Colocar as especiarias e deixar descansar durante 24 horas. A camada espessa de especiarias que se forma no fundo do tacho não deve ser misturada ao vinho. Ao engarrafar, deve-se passar o vinho por um coador e várias camadas de pano e ter atenção para que o fundo não passe também. Preparar o hippocras com pelo menos um mês de antecedência. Quanto mais tempo tiver para amadurecer, melhor.[45]

Nos livros de receitas medievais, descobrimos que reis e nobres gostavam de comida farta e bem temperada. Comiam muita carne e ingredientes importados, como açúcar, passas e vinhos. Por outro lado, os pobres tinham de se contentar com uma alimentação simples: pão preto, ovos e vegetais da própria horta. Faziam a *pottage*, uma sopa engrossada com ervilhas secas, para o fim de um dia de trabalho. Aqueles que tinham um porco, por exemplo, usualmente o abatiam no outono, para que fosse consumido durante o inverno.

Eram comuns a fome e doenças variadas relacionadas à alimentação: na falta do sal para conservar, muitos comiam carnes estragadas, além de grãos embolorados. A água que não era bem tratada também era prejudicial à saúde.

No prólogo do *Physica*, de Hildegard von Bingen, são relatadas as virtudes das plantas na alimentação, como ervas que ajudavam a digerir outros alimentos, plantas de natureza "feliz" e suaves na digestão e plantas de natureza "triste" e pesadas na digestão. O trecho abaixo, extraído de seu livro, prescreve uma receita de medicina homeopática. Se for necessária uma justificativa para incluí-lo aqui, que seja a curiosidade:

> Se sentir dor forte como resultado de um fluxo excessivo de seus orifícios nasais, tome o funcho e quatro vezes mais de endro e coloque-os em um tijolo aquecido ao fogo. Vire o funcho e o endro para fazer fumaça. Aspire a fumaça e o cheiro pela boca e narinas e, então, coma essas ervas quentes com pão. Faça isso por quatro ou cinco dias, para que os humores fluam suavemente e deixem o doente. [...] Quando o estômago fica pesado por muita comida e bebida, ficando muito cheio, coma menta de água crua ou cozida, com as carnes ou em um caldo, ou cozida como em

um purê. O peso passará, porque refresca as vísceras gordurosas e quentes, enquanto diminui a congestão.[46]

As cirurgias medievais eram brutais e geralmente fatais: eram realizadas sem anestésico, e os pacientes morriam de choque e por perda de sangue. Os médicos ainda não compreendiam a importância de manter limpas as incisões. Alguns tratamentos daquela época nos parecem bem estranhos, como tratar a febre com sangria.

> Com este pano de fundo, o leitor poderá entender melhor como era a vida na época medieval. No próximo capítulo, iniciando os resumos biográficos, serão apresentadas a rainha Clotilde, casada com um rei pagão; Duoda, a mãe escritora que deixou um manual de instrução para seu filho; e Rosvita, a polivante e irreverente dramaturga, historiadora, escritora e compositora do final da Alta Idade Média.

Figura 10 – Vitral da rainha Clotilde com o filho moribundo[1]

UMA RAINHA EVANGELIZADORA, UMA MÃE ESCRITORA E UMA DRAMATURGA TRANSGRESSORA NA ALTA IDADE MÉDIA

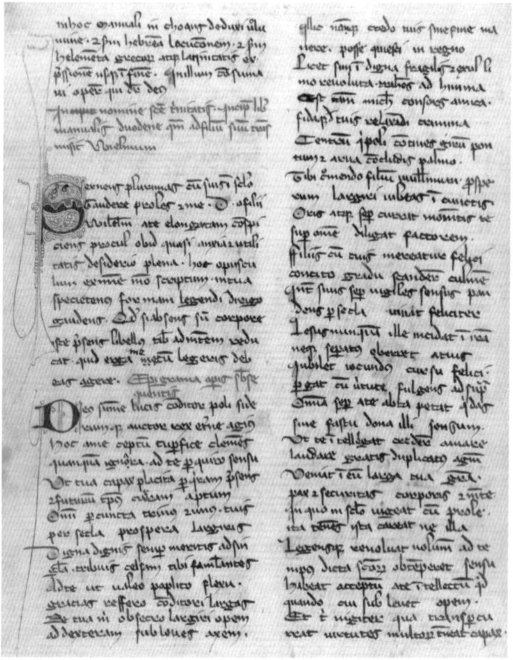

Figura 11 – Liberis Manualis: o manual de Duoda[2]

> O Manual de Dhuoda, diz Riché, destaca-se pela originalidade, já que o seu autor não foi um clérigo, mas uma mulher leiga, nobre e casada, "o que lhe confere um lugar único na literatura latina da [...] Idade Média". O Manual é um livro de educação que uma zelosa e erudita mãe escreve para seu filho, e nesse gênero é uma obra literária única, que Dhuoda redigiu como o seu testamento espiritual, sobre possuir caráter autobiográfico que os outros espelhos não apresentam.[3]

O CRISTIANISMO COMO RELIGIÃO ÚNICA NOS REINOS EUROPEUS[4]

A princípio, a organização da igreja era muito simples. As primeiras congregações cristãs reuniam-se nas casas de seus membros e ouviam o testemunho espiritual de vários confrades que passavam por ter estado em comunicação direta com o Espírito Santo. Não se reconhecia qualquer distinção entre clero e leigos. Cada igreja independente tinha um certo número de oficiantes, conhecidos em geral como bispos e anciãos, cujas funções eram presidir aos serviços, disciplinar os fiéis e distribuir esmolas.[5]

AOS POUCOS, POR CONTA da mistura da religião romana e da influência dos mistérios pagãos, o ritual do cristianismo infelizmente alcançou grande complexidade e a constituição de um clero profissional se tornou indispensável. No começo do século 2, um bispo foi instituído em cada cidade importante, e todo o clero dos arredores submeteu-se a ele. Posteriormente, foi criado o arcebispado, um cargo ainda superior ao dos bispos. Tudo mudou em 380, quando o cristianismo se tornou a religião oficial do Império Romano pelo Edito de Tessalônica, com Teodósio I, e a religião pagã greco-romana foi abolida.[6]

A religião singela e amorosa de Jesus de Nazaré — sem hierarquias, com apenas bispos e diáconos ministrando o cuidado espiritual e físico, alcançando viúvas e órfãos — foi esquecida. Em seu lugar, surgiu uma religião poderosa, com pompas, cargos, sacramentos e salvação por obras. Os romanos pagãos que haviam perseguido os cristãos e os martirizado agora se diziam cristãos, mas, na verdade, tornaram-se algozes dos povos pagãos, conquistando-os e forçando sua conversão ao cristianismo, assim como eles próprios se converteram — por conveniência, por interesses financeiros ou em busca de autoridade.

CLOTILDE DE BORGONHA (474-545)[7]

Rotilde, em latim: Chrotechildis, Chrodechildis ou Chlodechildis

Figura 12 – Vitral Rainha Clotilde de Borgonha[8]

Reino Merovíngio

O mais forte estado ocidental do primeiro período da Idade Média não se estabeleceu na Itália, mas na França. Em 481, o famoso Clóvis se tornou rei da importante tribo dos francos sálios, que habitavam a margem esquerda do Reno. Em menos de vinte anos, Clóvis conquistou quase todo o território hoje pertencente à França e mais uma porção da Germânia. A adoção do cristianismo ortodoxo lhe trouxe o apoio do clero e tornou possível a subsequente aliança entre os reis francos e os papas.[9]

O Reino Merovíngio (481—751) recebeu esse nome por ter sido governado por Meroveu, rei dos francos sálios, que o tornou o mais poderoso da Europa Ocidental. Os merovíngios ficaram conhecidos por suas ações de pirataria no litoral do mar do Norte, e pela ampliação de seu território quando Roma estava enfraquecida pelas invasões bárbaras.

O historiador e bispo Gregório de Tours (539—594) narrou sobre a época conturbada na qual as invasões bárbaras e a queda do Império Romano (476) permitiram a instalação de reinos bárbaros, especialmente na Gália. Os francos aproveitaram o momento em que Roma se encontrava enfraquecida para ampliar suas fronteiras. Já depois da queda romana, Clóvis, filho de Quilderico I, um rei merovíngio da tribo franca que ocupava o oeste da região, sucedeu ao seu pai com a idade de 15 anos. A conquista de grandes regiões do norte e do oeste possibilitou que ele se estabelecesse como único rei franco antes de sua morte. Por mais de um século, seus sucessores governaram a região de Gália e Germânia com despotismo inflexível, guerreando, anexando os territórios inimigos e explorando a Igreja e as terras do reino.

Os francos eram de origem germânica e permaneceram pagãos. Alguns, mais romanizados, adotaram o cristianismo, mas se tornaram arianos[10] e foram considerados desviados das doutrinas cristãs e desobedientes aos concílios romanos.

Mesmo sendo um bárbaro, Clóvis quis tomar como segunda esposa Clotilde, uma cristã. Ela nasceu em Lion, França, por volta de 474 e foi filha de Childerico I, rei da Borgonha, tendo uma infância bem triste. Seu tio Gundobaldo assassinou seus pais, dois dos irmãos e enclausurou a irmã mais velha em um convento. Ele assumiu o trono e deixou viva Clotilde, uma menina muito bela, que apesar de viver num ambiente ariano, foi educada por uma tia no cristianismo tradicional.

Aos 19 anos, a princesa da Borgonha, Clotilde, casou-se com Clóvis, o rei pagão dos francos.

Uma rainha evangelizadora

Enquanto não adorares o verdadeiro Deus – dizia-lhe ela – temerei que voltes das batalhas vencido e humilhado. Até agora não enfrentaste inimigos dignos de teu valor. Se, por desgraça, fores cercado e acossado por um exército mais numeroso, em vão pedirás a ajuda de teus falsos deuses.[11]

Porque o marido não crente é santificado no convívio da esposa (1Co 7.14).

O significado desse texto bíblico era real no início do medievalismo, assim como hoje. Nascida apenas dois anos antes do fim da Idade Antiga, a rainha Clotilde levou o marido pagão a Jesus Cristo e à uma civilização menos bárbara. Ela foi uma mulher forte e, ao mesmo tempo, doce, piedosa e caridosa.

Apesar de viver em uma época carente de fontes escritas, a vida de Clotilde como rainha dos francos (franceses) foi mencionada em uma biografia do Bispo de Reims, o responsável por batizar Clóvis I depois que este defendeu o reino contra os álamos (alemães), na batalha de Tolbiac. A biografia do bispo, o qual também era conde, foi escrita antes do nascimento de Gregório de Tours (539—594), que fez um relato sobre o casamento entre Clóvis e Clotilde e cujas informações foram adotadas por historiadores contemporâneos.

Com este relato observamos também o exercício de poder por mulheres que estavam ao lado de grandes homens e que podiam, de alguma maneira, interferir em seus comandos. O feito singular da rainha Clotilde derivou-se não apenas de sua condição de rainha consorte, mas da influência exercida sobre o próprio marido, assim como o fizeram outras sábias rainhas.

A fama da beleza e bondade dela chegara a Clóvis, que decidiu pela união, ainda que ambos cressem em coisas distintas. O rei Clóvis era pagão e, despois do casamento, permaneceu adorando vários deuses.

A jovem noiva era doce, piedosa, amava os pobres e todos ao redor a louvavam. Ela demonstrava uma firmeza admirável em meio a seus infortúnios, uma vez que seus pais foram assassinados e ela foi raptada pelo noivo. Assim, Clotilde começou a brilhar pela santidade de suas ações. Os relatos apontam que seu porte era belo, suas maneiras agradáveis, seu rosto bem-feito e que em suas feições não havia imperfeição.

No ano de 492/493, Soissons recebia a rainha que se uniria a Clóvis em um matrimônio indissolúvel, firmado na promessa de batizar seus filhos na religião materna. Contudo, as diferenças religiosas logo surgiram. Ela, uma cristã fiel, constantemente argumentava e exortava seu marido à conversão.

Até que eles tiveram um filho. Muito desejosa de que o menino fosse batizado, Clotilde suplicou permissão ao marido. Ele negou; e ela, contrariando-o, batizou o recém-nascido. Logo após o batismo, o menino morreu. O pai, furioso, culpou a mãe: "Se a criança tivesse sido dedicada em nome de meus deuses, certamente teria vivido, mas agora, batizada em nome de teu Deus, não sobreviveu um dia."[12] A rainha, apesar de todo o seu desconsolo, agradeceu a Deus por levar seu filho ainda com "as vestes alvas do batismo", o que, para ela, garantia o cuidado de Deus.[13]

Clotilde admoestara ao rei e, mais importante, conseguira impor sua vontade. Isto foi possível não por ser sua esposa, mas principalmente por sua condição de cristã. Foi o fato de ser cristã que lhe permitiu enfrentar o rei e o persuadir. A religião cristã lhe deu superioridade diante de um homem pagão. O poder de Clotilde advinha, portanto, mais de sua confissão religiosa do que do seu gênero. Ousadamente, ela afirmou:

> Os deuses a quem prestais culto não são nada. Eles não podem oferecer nenhum conforto, nem para eles próprios nem para ninguém. Eles são esculpidos em qualquer pedra, madeira ou metal. Os nomes que são dados a eles são nomes de homens, e não nomes de deus. Tal como Saturno que, se não foi derrubado de seu reino por seus filhos, foi derrubado por suas faltas, conforme se conta. Tal como Jupiter, imundo autor de violências de todo o tipo, que desonra os homens, desrespeita seus parentes não se abstendo de fornicar com sua própria irmã, que se autoqualifica como irmã e esposa de Jupiter.[14]

Os deuses de Clóvis e dos francos não eram os mesmos do panteão clássico romano, contudo, a fala de Clotilde representa as crenças do rei: deuses criados por homens, não o único Deus, criador da humanidade e do universo.

No ano seguinte, ela deu à luz outro menino que, apenas batizado, correu perigo de vida. Clóvis não escondia seu desespero com a situação do filhinho e assegurava que este também morreria por ter sido batizado em nome de Cristo. Ele cria que, por causa do batismo cristão, o menino morreria, pois não contava com a proteção de seus deuses. O pequeno, batizado havia poucos dias, foi atacado por fortes convulsões febris e parecia seguir o caminho de Ingomer, que dois anos antes falecera ainda com a branca roupa batismal.

De joelhos e com a fé mais fortalecida, Clotilde, cheia de amor materno e ciente da grandeza de sua missão, aceitava com resignação o sofrimento. Sua crença era de que a salvação de todo um povo estava em perigo, e não apenas a vida física de seu filho. Para ela, o reino franco, ou a França, que seria a filha primogênita da Igreja, precisava ser batizada.

A rainha se lançou aos pés do altar e, por suas súplicas e lágrimas, que visavam mais à conversão do marido do que a evitar essa segunda morte, obteve de Deus que a criança se restabelecesse. As qualidades da esposa começaram a impressionar profundamente Clóvis.

Clotilde continuamente motivava o rei Clóvis a batizar-se também. O casal teve outros filhos: Childeberto (497) e Clotário (498), depois uma filha, também chamada de Clotilde (c. 500). Todos foram batizados e chegaram à idade adulta.

Os filhos do casal, infelizmente, herdaram a índole belicosa e guerreira do pai. Quando Clóvis retornava dos combates, Clotilde ia à igreja agradecer a Deus, e não ao templo pagão que ele frequentava. Ele permitia suas idas, mas não a acompanhava. Contudo, Clóvis aceitava os conselhos do Bispo de Reims, que se tornou amigo da família e confessor da rainha.

Este foi um período histórico marcado por uma forte tensão entre o antigo e o novo, a continuidade e a ruptura, a permanência e a transformação. Em especial, dois fenômenos demonstram essa afirmação, sendo o primeiro deles a progressiva cristianização da sociedade:

> Neste processo, a Igreja e o clero cristão tiveram que não somente enfrentar uma vigorosa resistência da multifacetada tradição pagã, mas principalmente foram obrigados[15] a incorporar diversos elementos das práticas religiosas existentes para conseguir

efetivamente se enraizar nas mentes e corações dos homens daquela época.[16]

O cristianismo havia enfrentado grandes empecilhos no reino de Lion, que já fora um centro da religião romana na Gália e palco, com suas arenas, do derramamento de sangue de mártires como Blandina, Plotino e outros. Contudo, a invasão bárbara arruinou o esplendor material da região, e o fulgor espiritual igualmente se apagou.

Os bispos do reino criam plenamente que Cristo contava com eles para promover uma vitória cristã, o que era um desafio, pois era necessário não apenas destruir o paganismo dos bárbaros, como também a heresia ariana, que havia criado fortes raízes entre eles. Assim, foi uma vitória quando reis burgúndios se casaram com jovens de confissão católica. Tanto Clotilde quanto Chroma, sua irmã mais velha, foram batizadas ao nascer. Quando seus pais morreram, as pequenas ficaram sob a tutela de seu tio, que as educou para a função de rainha.

No norte da Gália, a tribo dos francos sálios continuava pagã e era governada por Clóvis I. Era muito importante que ele se convertesse para que o cristianismo tivesse um reino e, nesse sentido, uma esposa católica parecia ser o melhor meio de inclinar seu coração à verdade. E foi Clotilde que assumiu essa missão com dignidade, disposta a conquistar todos os milagres para realizá-la.

A tarefa era árdua, uma vez que o povo era bárbaro e seus costumes incluíam a vingança, o assassinato e a crueldade. Clotilde, cujo nome significa *guerreira gloriosa*, entendeu bem o desafio e decidiu que não viveria para si mesma, mas para o triunfo da fé cristã.

Seu marido tinha um temperamento rude e era resistente ao cristianismo. Para obter a conversão dele e do reino, a piedosa rainha se entregava em segredo a grandes austeridades, prolongadas orações e, em especial, à caridade com os pobres. Ao mesmo tempo, honrava o rei e suavizava seu temperamento belicoso com a mansidão cristã. Clóvis se contentava em desviar a conversa para não magoar a esposa com blasfêmias.

Clotilde tornou-se amiga de Genoveva, que então resplandecia em Paris e era considerada santa por suas virtudes e milagres. A rainha também recomendou a ela e ao bispo Remígio de Reims a conversão do marido.

No ano de 496, os álamos, uma tribo germânica, invadiu as terras de Sigeberto, rei de Colônia e aliado de Clóvis. Fiel ao pacto entre eles, Clóvis partiu em seu socorro. O combate ocorreu no assentamento romano de Tolbiac, atual cidade de Zulpich. A luta foi feroz e durou várias horas, com baixas em ambos os lados. No lado franco, o massacre foi violento e o exército de Clóvis estava prestes a ser aniquilado.

Ele se encontrou em uma situação desesperadora. De repente, viu seu exército recuar com tamanho pânico que, na fuga, os guerreiros atropelavam uns aos outros. Clóvis sabia que, se fosse derrotado, não obteria clemência; desesperado, começou a clamar aos seus deuses, pedindo-lhes ajuda, mas não recebeu auxílio. Então, lembrou-se de Clotilde, pois a tinha visto enfrentar um desastre com audácia e dignidade, conquistando o impossível. Caindo de joelhos, suplicou ao Deus da esposa, Jesus Cristo, que viesse em seu socorro:

> Jesus Cristo, que Clotilde afirma ser o Filho do Deus da vida, tu que desejas vir em auxílio daqueles que desanimam e dar-lhes a vitória, desde que esperem em ti; eu invoco, devotamente, o teu glorioso socorro. Se te dignares conceder-me a vitória sobre os meus inimigos, e se eu experimentar esse poder de que as pessoas que usam o teu nome afirmam ter tantas provas, acreditarei em ti e far-me-ei batizar em teu nome. Invoquei os meus deuses e nenhum socorro recebi [...].[17]

O milagre aconteceu. A flecha de um soldado franco matou o chefe dos álamos e fez que sua vantagem fosse revertida. Cheios de pânico, os adversários bateram em retirada, enquanto os francos os perseguiam.

Era o início da batalha espiritual no coração de Clóvis, com a mediação de Clotilde. Naquela mesma tarde, ele lhe escreveu dizendo que queria ser batizado. A rainha o esperava ansiosamente, e a primeira coisa que ele declarou a ela foi que, por causa daquela vitória, daquele dia em diante o Deus de Clotilde seria seu único Deus.

No dia de Natal do ano 496, Clóvis, com três mil de seus mais valentes guerreiros, e suas duas irmãs, Alboflède e Lanthechilde, ingressaram pelo batismo na milícia do Deus dos cristãos e de Clotilde. Poucos dias depois, todo o reino dos francos entrou na igreja gritando a confissão de fé: "Viva Cristo, que ama os francos!".

A missão estava cumprida? Infelizmente, ainda não. Era apenas o começo de um processo que duraria anos. Sempre ao lado do esposo, Clotilde o aconselhava e o incentivava nos princípios cristãos, ainda que tivesse que contemplar muita violência. Clóvis unificou toda a Gália e a tornou cristã, tendo expulsado os visigodos arianos do Sul em 507. Contudo, ele faleceu em 511, o que introduziu a rainha em uma nova e triste fase, quando só podia intervir com súplicas e orações para impedir que seus próprios filhos assassinassem seus parentes na conquista dos reinos vizinhos.

Cansada, ela se retirou para o monastério de Tours, mas se dirigia à Paris quando convocada. Clotilde vivia em penitências, suplicando pelo futuro de sua nação. Sua última intervenção ocorreu no mesmo ano de sua morte: Clotário, seu filho, que havia assassinado os próprios sobrinhos e, mesmo batizado, praticava a poligamia, decidiu tomar como quinta esposa Radegunda, uma jovem princesa turíngia, a qual ele aprisionara ainda criança. A princesa aceitou a proposta de casamento para salvar seu irmão, com quem compartilhava o cativeiro. Contudo, depois do casamento, Clotário o matou.

Radegunda se refugiou em um convento, mas Clotário a perseguiu, disposto até a violar o direito sagrado de asilo. A rainha, sua mãe, intercedeu pela vida da moça uma última vez e a salvou.

Trinte e quatro anos após a morte de seu marido, no dia 3 de junho do ano 545, a "Rainha Santa", como ficou conhecida, faleceu. Ela, que havia perdido seu primogênito e quase perdera o segundo filho, morreu cercada de quatro filhos já reis.

Clotilde de Borgonha foi a virtude feminina encarnada. Aceitou um casamento que lhe fora imposto por necessidades políticas, mas exigiu, como boa cristã, que sua fé fosse respeitada pelo noivo ainda pagão. Cumpriu rapidamente seu principal dever como esposa, o de conceber um herdeiro para o trono, e mais uma vez sua convicção religiosa falou mais alto, quando conseguiu impor sua vontade de batizar o recém-nascido ao monarca.

Contudo, foi no episódio da conversão do marido e soberano que a atuação de Clotilde mais se destacou, pois exerceu de forma efetiva sua influência sobre Clóvis. A imagem dela é o protótipo da esposa e da rainha cristã, que serviu de modelo de conduta para as demais soberanas merovíngias.

Em uma realidade social em que as mulheres praticamente não tinham voz e os documentos eram produzidos por homens que desprezavam a condição feminina, o reconhecimento do prestígio e da importância da rainha Clotilde demonstra a relevância de sua atuação no âmbito palaciano e social, reforçando o versículo das Escrituras sagradas que diz: "A mulher cristã santifica seu marido." Aleluia!

DUODA DE SEPTIMÂNIA, CONDESSA DE AGEN E DA GASCONHA (806-843)[18]

Duodene, Duoda, Dhuoda Sanchez de Gasgogne

Figura 13 – Placa de rua com o nome de Duoda, a carolíngia[19]

Mulher, mãe e educadora

Tenho que conseguir tornar Duoda visível como pessoa e mulher, não só como educadora, mostrando suas crenças, sua concepção de vida e como aceita o papel que lhe corresponde na sociedade pela fidelidade aos ensinamentos recebidos, tanto clássicos quanto religiosos. No Liber Manualis *ela mostra como encara a vida, como percebe a família, a sociedade, a religião, a política, a justiça, o gênero. Em poucas palavras: como ela aceita o papel que teve de viver.*[20]

O temor do Senhor é o princípio do saber, mas os insensatos desprezam a sabedoria e o ensino. Meu filho, ouça o ensino de seu pai e não despreze a instrução de sua mãe (Pv 1.7-8).

Era no que cria aquela mãe medieval, filha de Sancho Lopez I — duque de Gascuña e de Aznar —, condessa de Aragão. Ela se tornou condessa de Agen, duquesa de Septimânia e princesa carolíngia e uzetiana (Uzès foi o primeiro ducado francês). Nascida por volta de 806, viveu na nobreza, recebeu uma esmerada educação e aprendeu o latim. Em 24 de junho de 824, Duoda casou-se com Bernardo de Gótia, duque de Septimânia, primo de Carlos Magno, o Grande.

Segundo o *Liber manualis* [doravante, *Livro manual* ou *Manual*] que Duoda posteriormente escreveu, ficamos com a impressão de que o casal teve apenas dois filhos: Guilherme, que nasceu em 826, e Bernardo, conde da Alvérnia, que nasceu quase 15 anos depois, em 841, quando o casal residia em Uzès e Bernardo, o pai, estava em missão à serviço do Imperador Luís, o Piedoso. Porém, em genealogias da família constam também Aton, nascido por volta de 830, e Rosalinda (ou Sancha), condessa de Agen, nascida um ano após Bernardo, em 842.

Quando morreu o rei Luís, o Piedoso, iniciou-se uma grande luta pelo poder entre os herdeiros Lotário, Luís e Carlos, o Calvo, que causaria a ruína da família dela.

Foi despachada pelo esposo para Uzès e há algumas hipóteses quanto à razão disso: por seus laços familiares lá, por causa de uma amante ou ainda por desejar de fato a segurança da esposa. Em 840, Bernardo a visitou e ela ficou grávida, dando à luz Bernardo.

Bernando de Gótia, o poderoso governador de Septimânia, era partidário de Luís, o Piedoso, que foi derrotado por Carlos, o Calvo. Como promessa de lealdade ao imperador, Duoda e seu filho Guilherme se tornaram reféns em sua corte.

O recém-nascido foi levado pelo pai para a Aquitânia[21] antes mesmo de ser batizado e receber um nome, local onde ambos se estabeleceram. Guilherme era mantido na corte e sua mãe residia em Uzès, sempre se referindo a Carlos como seu senhor: "Mas depois de ter ficado muito tempo longe da vossa presença, nesta cidade onde resido por ordem do meu senhor, todavia contente com os seus sucessos [...]".[22]

O marido de Duoda, que se aliara aos aquitanos, foi condenado por rebelião e executado em 844. Posteriormente, seus filhos também foram mortos: Guilherme em 850 e Bernardo em 885. Condenado por rebelião, Guilherme foi decapitado com pouco mais de 24 anos e, talvez, nem soube da existência do manual, escrito para ele pela mãe.

Aquela era uma época em que poucos homens, e quase nenhuma mulher, sabiam escrever. No entanto, o *Livro manual* que Duoda escreveu em latim — bom, mas não fluente — demonstra sua compreensão de Teologia, Filologia, Filosofia e Matemática. Em sua escrita, ela habilmente passa da poesia para a prosa e vice--versa. Com conhecimento dos clássicos, essa mística demonstra seu amor pelas palavras, pela aritmética e pelo poder místico dos números, utilizando-os para direcionar suas meditações. Para ela, o número quatro tem uma perfeição especial, pois é o número de letras na palavra latina para Deus e a primeira letra de Deus é a quarta do alfabeto. Tudo isso era parte do pensamento medieval típico, e foi desenvolvido por ela com uma fluência que sugere uma mente ansiosa por distração. Contudo, seu passatempo foi longe quando ela terminou o livro com seu próprio epitáfio, tendo morrido não muito tempo depois do término da obra.

Sem nenhuma sombra de dúvida, sua convicção religiosa era absoluta, e ela esteve fervorosamente comprometida com Guilherme como sua mãe amorosa.

O Livro manual de Duoda

> [Para Duoda, seu manual era] *um espelho no qual poderás contemplar sem hesitação a salvação de tua alma, de modo que em tudo possas agradar àquele que te formou do limo da terra. Isso te é necessário para todas as coisas, meu filho Guilherme, para que leves, nos dois planos, uma vida tal que possas ser útil ao mundo e que sejas capaz de agradar sempre a Deus em todas as coisas.*[23]

Entre 841 e 843, Duoda viveu em exílio domiciliar. Então resolveu escrever o *Liber manualis* (Livro manual), com o propósito de educar seu filho mais velho, Guilherme, dentro de princípios ético-morais cristãos. Ele partira para a guerra e ela queria que ele soubesse que seu principal objetivo deveria ser a salvação de sua alma.

Duoda também pede a Guilherme que faça seus ensinamentos chegarem até o irmão mais novo, Bernardo: "Este pequeno volume, este manual que eu compus e onde eu inscrevi o teu nome, logo que ele também seja chegado à idade de falar e de ler, mostra-lhe e guia a sua leitura, porque ele é a tua carne e teu irmão".[24]

É interessante o incentivo que ela faz ao filho para que se aplique à oração e à comunhão com Deus, mesmo confessando que tinha dificuldades com essa disciplina espiritual: "Mas eu, Duoda, tíbia e preguiçosa, frágil e sempre propensa ao abatimento, não me sinto atraída nem pela oração longa, nem sequer pela breve. Tu, ao contrário, meu filho Guilherme, vigia, pede e reza, com palavra breve, fervorosa e pura".[25]

Seu modo de escrever, levou sua obra a ser considerada um tipo de "espelho de príncipes", como outros já existentes. Contudo, o destinatário era seu próprio filho, não um príncipe; foi escrito por uma mulher laica, e não por clérigos; e apresentava sua própria experiência de vida como modelo a ser seguido, como se fosse uma biografia.

O fato de ser mulher impressiona pela sinceridade de sua fé cultivada com leituras, pelo amor por sua família, por seu profundo sentido de dever, por sua prudência nos negócios terrenos e, sobretudo, por ser esposa e mãe, uma mulher laica e supostamente iletrada.

Ela é a única autora mulher do século 9 de que temos notícia, e sua obra demonstra características peculiares que lhe conferem um lugar à parte na história da literatura medieval do gênero, porque traz o contexto de sua época e transmite os sentimentos da autora de forma íntima e pessoal, o que era bem incomum para o período.

Apesar desses aspectos que o fazem excepcional, o *Livro manual* e sua autora permaneceram praticamente desconhecidos. Ela só foi descoberta quando a obra foi parcialmente publicada por Mabillon.[26] Em 1887, foi encontrado um manuscrito na Biblioteca de Nimes, portanto, apenas no século 19 Duoda e seu manual começaram a ser conhecidos.

A fidelidade é a principal virtude que ela aconselha ao seu filho, afirmando que ele deve ser fiel a Deus, à Igreja, ao rei, à família e aos amigos, pois isso lhe trará uma vida boa e lhe daria a real felicidade que provém do Senhor.

> Portanto, tu, meu filho Guilherme, oriundo de tua raça, sê para com teu senhor, como te disse, veraz, vigilante, útil e importante. Em todo negócio que interesse ao poder do rei, trata, enquanto Deus te der força, de mostrar-te o mais prudente possível, interna e externamente. Lê a máxima e as vidas dos santos patriarcas (as personagens bíblicas já referidas) que nos antecederam, e aí tu descobrirás como e de que forma deves servir ao teu senhor, e assisti-lo fielmente em tudo. E quando o houveres descoberto, aplica-te a executar fielmente as ordens do teu senhor. Considera, também, aqueles que o servem assiduamente com a máxima fidelidade, e deles aprende as lições de serviço; ilustrado pelo

exemplo deles, com o socorro e ajuda de Deus, conseguirás mais facilmente atingir o objetivo que te indiquei. Que o teu Deus e Senhor seja em tudo propício e benigno; que ele seja o teu defensor, teu chefe benfazejo, teu protetor, em todas as tuas ações ele se digne de te assistir continuamente como teu amparo e defesa. Como ele o quiser no céu, assim seja! Amém.[27]

O *Manual* não era uma carta, mas um livro educativo, legado por essa carolíngia do século 9. Nobre estudiosa, esposa, mãe, educada, terna e afetuosa, que se refere ao filho ausente como "meu filho primogênito, tão desejado" e "caríssimo filho", confessando sua intenção e sua necessidade de escrever tanto para suprir as conversas com o filho adolescente, de quem estava separada, como para o educar no caminho da salvação pela moral cristã, que lhe permitiria enfrentar adequadamente os conflitos e as dificuldades que viesse a encontrar ao longo da vida.

Os originais do *Manual* se encontram hoje na Biblioteca Nacional de Paris, e compreendem as seguintes partes:

Prólogo - A autora e suas razões para escrever

Livro 1 - O amor a Deus

Livro 2 - O mistério da Trindade

Livro 3 - A ordem social e o sucesso secular

Livro 4 - A vida moral

Livro 5 - O castigo de Deus sobre aqueles que ama

Livro 6 - A utilidade das bem-aventuranças

Livro 7 - A morte do corpo e do espírito

Livro 8 - Como orar e para quem

Livro 9 - Os números de interpretação

Livro 10 - O resumo dos pontos principais da obra, mais sobre a autora

Livro 11 - A utilidade de recitar o Saltério.[28]

Apesar de a história não ter mencionado Duoda, seu manual de educação para o filho já foi publicado em diversos países e é considerado o primeiro tratado pedagógico da Idade Média. Nele, ela mesmo conta que se casou com o duque Bernardo em 824, na presença do imperador Luís I, filho de Carlos Magno; que seu primogênito foi chamado de Guilherme, em memória do avô, primo do imperador; e que seu outro filho, Bernardo, foi enviado ainda bebê para ser educado pelo bispo Eléphantus.

Tendo se ocupado da escrita de seu manual, ou "espelho", pediu ao filho Guilherme que o lesse para o irmãozinho quando este já fosse capaz de entender. Ela sofria e se angustiava por estar longe de seus filhos:

> À maioria das mães deste mundo é dado desfrutar da proximidade de suas criaturas, enquanto eu, Duoda, me vejo tão longe de você, meu filho Guilherme, e, por isso, cheia de ansiedade e desejo de ser útil para você, envio-lhe este pequeno trabalho escrito com meu nome, para que você o leia e se eduque; ficarei feliz se, mesmo estando fisicamente ausente, precisamente este pequeno livro faça você pensar quando o lê, no que, pelo amor de mim, você deve fazer.[29]

A própria mãe escritora se refere, no prefácio, ao significado do manual: "[...] nele você encontrará tudo o que deseja aprender; um espelho no qual poderá contemplar sem dúvida a saúde de sua alma [...]."[30] Ela afirma, contudo, que a obra tem um formato educacional elaborado por conta de seu cunho pedagógico e da relação que faz dos textos bíblicos com as obras clássicas, ou seja, da religião com a cultura da época.

Formalmente, o *Livro manual* é dividido em 81 capítulos, agrupados em onze partes, que são precedidas por abreviaturas, introdução, bibliografia, epigrama, prólogo, prefácio e sucedidas por índices (bíblicos, de autores e obras antigas, de autores contemporâneos e o índice geral). O conteúdo pode ser divido em três partes principais: a primeira expressa a relação do cristão com Deus; a segunda diz respeito aos relacionamentos com o próximo; e a terceira aponta o caminho da perfeição pessoal mediante à ordenação dos dias.

A obra é bem completa: a autora discorre acerca do amor de Deus, do mistério da Trindade, das virtudes teológicas, dos conselhos práticos sobre a oração e dos deveres morais e sociais. Em primeiro lugar, escreveu sobre a Trindade e ofereceu conselhos práticos para a oração. Três capítulos são dedicados aos deveres morais; as boas relações com os poderosos e os vícios e as virtudes também são abordados, assim como temas como as tribulações, os dons do Espírito Santo e as beatitudes que conduzem à perfeição.

Duoda escolheu alguns trechos de Salmos nos quais o filho deveria meditar, e citou mais de 650 outras passagens bíblicas que conhecia de cor. Ela considerava a oração absolutamente necessária e aconselhou seu filho a estar atento às coisas espirituais, orando com concentração e pureza. Pediu também que cuidasse do pai em sua velhice e que nunca o entristecesse. O livro é encerrado com versos: uma lembrança histórica da vida do filho, uma lista dos mortos da família e seu próprio epitáfio.

A autora viveu e escreveu no contexto das mudanças políticas e sociais do século 9, das quais se destacam o desenvolvimento das bases da sociedade feudal, a desintegração do Império Carolíngio e a atuação da Igreja como reguladora dessa sociedade. Como parte desse contexto, ela demonstrou compreender as questões de seu tempo e os princípios essenciais para a vida em sociedade.

Além do ensino que legou, o *Livro manual* possibilitou a reflexão sobre a importância feminina no processo educativo da Idade Média. E, muito mais, representou um papel educacional de uma mãe na distante Idade Média.

No final de sua vida, o contexto ainda era de um longo período de guerra entre a nobreza franca. O embate entre os descendentes de Carlos Magno resultou no Tratado de Verdun: Luís governando os francos orientais, Carlos se estabelecendo no Oeste e Lotário recebendo um território que abrangia desde os Países Baixos até a Itália. Duoda relatou que a inimizade da casa carolíngia havia começado mais de dez anos antes, quando os filhos do imperador começaram a se rebelar contra a autoridade de seu pai.

O esposo e o filho primogênito da aristocrata morreram batalhando para fundar um principado no sul da França. Bernardo seguiu uma carreira política e seu filho Guilherme, o Piedoso, fundou com o abade Bernon a Abadia de Cluny – um triunfo póstumo para a avó Duoda, que desejava que sua descendência fosse de cristãos tementes.

Mesmo sendo uma mulher tão distante de nós no tempo e nas circunstâncias de vida, Duoda apresentou o mesmo desejo de que os filhos temessem a Deus. Que bom que ela escreveu o *Manual*! Se a obra não serviu ao filho mais velho, a quem foi dirigido, por conta de sua morte precoce, com certeza ela se tornou um legado precioso para a educação de futuros rapazes cristãos.

Os insensatos desprezam a sabedoria porque acreditam que não necessitam dela e que, sendo tão capazes, podem ser seus próprios guias. Contudo, a mãe cristã entende que só o temor a Deus fará bem aos seus filhos. Ela lhes ensina a quebrar a tendência de autogoverno, submetendo-se à autoridade de seus pais.

Duoda de Septimânia faleceu em 843, deixando uma mensagem através de seu manual que influenciou pedagogos ao longo dos séculos. Foi grande sua importância, e a ela foi dedicado o Centro de Pesquisa sobre Mulheres da Universidade de Barcelona, na Espanha.

ROSVITA DE GANDERSHEIM (?935-?1000)[31]

Rotswit de Gandersheim, Hrosvit von Gandersheim

Figura 14 – Rosvita de Gandersheim[32]

Uma dramaturga transgressora

Rosvita [...] pode ser considerada, em diferentes aspectos, a "primeira" de muitas coisas. Esta monja beneditina do século X não é apenas uma das primeiras mulheres cultas que a Idade Média tem registro, mas a primeira mulher a retornar à composição teatral, dentro do horizonte medieval. Na verdade, ela seria a primeira pessoa a escrever dramas religiosos, de todo, independente do gênero, que se tem notícia. Também é a primeira mulher a escrever poemas épicos, a primeira escritora alemã em latim, a primeira poeta saxã. Em seu latim refinado e divertido, misturará questões que são contemporâneas e fontes clássicas, explorando uma variedade diferente de gêneros. Sua voz forte e sua defesa da educação e da independência feminina a tornará praticamente sem paralelo no mundo medieval ainda por alguns séculos.[33]

Rosvita brilhou no grupo de religiosas ilustres e eruditas. Ela foi uma mulher verdadeiramente genial, uma poetisa, pela graça de Deus. Foi a primeira e quase única representante do drama na Idade Média, pois queria expulsar das escolas de meninas as comédias graciosas, porém lascivas, que eram apresentadas. Enquanto as obras de Terêncio[34] narravam os feitos nada exemplares de mulheres voluptuosas, Rosvita exaltava a castidade das donzelas. Ela foi a primeira poetisa de origem germânica na Idade Média e uma nobre na corte dos Ottos.

Seu nome significa "rosa branca", ela nasceu por volta de 935 e viveu quase toda a vida na abadia beneditina em sua cidade natal, Gandersheim, um importante centro cultural e econômico da Alemanha medieval. O convento fora criado para que as filhas da nobreza saxônica pudessem receber uma educação de alto nível, sendo que algumas das abadessas pertenciam às famílias reais.

No mosteiro, sob a orientação da cônega Rikkardis e da abadessa Gerberga, Rosvita recebeu uma excelente educação. Ela leu os clássicos da Antiguidade na grande biblioteca da ababia e se tornou uma educadora reconhecida por sua produção literária secular e religiosa.

> Os estudos conduzidos desde a década de 1990 elencaram um volume considerável de obras históricas escritas em casas religiosas femininas, ou em seu entorno, cuja autoria pode ser atribuída, com muita probabilidade, às mulheres eruditas que ali residiam. [...] Nos mosteiros femininos, os *scriptoria*[35] funcionavam no mesmo regime de trabalho de seus correlatos masculinos: as religiosas se dedicavam a copiar e produzir narrativas históricas que, com algumas diferenças de ênfase, organizavam-se aos moldes da historiografia monástica masculina. É o caso, por exemplo, da Abadia de Gandersheim, onde viveu Rosvita (935—1002), a monja dramaturga, poetisa e historiadora que, em 968, completou as *Gesta Ottonis Imperatoris*, história versificada que comemorava a coroação imperial de Otto I, em 962.[36]

No século 10, na atual Alemanha, havia muitos mosteiros femininos, e em todos as monjas transcreviam suas linhagens, os feitos de seus antepassados e a história das abadias. Além de Gandersheim, existiram outros centros monásticos com historiadoras.

Em 959, quando Gerbega, sobrinha do imperador Otto I, foi eleita abadessa desse mosteiro, Rosvita já era cônega.

> As cônegas da mencionada abadia, diferentemente das monjas, faziam votos de castidade e obediência, mas não de pobreza, de forma que podiam dispor e administrar seus bens, fato que as mantinha em uma rotina mais dinâmica com o mundo exterior, diferentemente do enclausuramento exigido às outras religiosas.[37]

Isso permitiu à Rosvita, oriunda da classe nobre, manter contato com a corte e com os círculos intelectuais de seu tempo. Ela foi responsável pelo retorno da dramaturgia no Ocidente em pleno século 10, ao escrever poesia, textos religiosos e comédias (algumas quase "pastelão"). Foi uma pessoa consciente das questões e das dificuldades de ser mulher na cristandade medieval e, por diversas vezes, abordou temas ligados à educação das mulheres.

Rosvita dotou suas personagens de força, virtudes e capacidade de escolha nunca vistas na tradição clássica. Seus esforços produziram seis peças de teatro de caráter educativo, oito lendas e dois poemas épicos que exploram a voz e a subjetividade femininas.

Uma de suas peças mais famosas foi a comédia *Sabedoria*, que servia como importante ferramenta pedagógica nos mosteiros para ensinar temas como identidade, afirmação e educação das mulheres. Ela narra o martírio das virgens Ágape, Quionia e Irene, que supostamente ocorreu na época do imperador Adriano. A mãe das três virgens se chama Sabedoria e é apresentada como uma professora de educação religiosa cristã. Em um dos trechos, lemos o seguinte episódio divertido, em que Rosvina faz um uso travesso da ironia — seguindo o método do pedagogo Alcuíno de York, que incluía anedotas, brincadeiras, enigmas e charadas:

> O governador pagão Dulcídio está encarregado da impossível tarefa de demover as três virgens cristãs — Ágape, Quionia e Irene — de sua fé. Confiante em seu poder de sedução e atraído pela beleza das moças, manda trancafiá-las na despensa ao lado da cozinha do palácio, e, de noite — enquanto elas cantam hinos ao seu Deus —, Dulcídio vai invandir a despensa, mas tomado de súbita loucura, equivoca-se e entra na cozinha e acaba, sofregamente, abraçando e beijando os caldeirões e panelas,

tomando-as pelas prisioneiras que o espiam pelas frestas e vêem-no cobrir-se de fuligem [...].[38]

Ressaltando as características das produções medievais, a estudiosa Margot Berthold as caracteriza como coloridas, variadas e cheias de vida, assim como as dos séculos que se seguem — e, acrescentamos aqui, Rosvita foi uma das responsáveis por lhe dar vida, diversão e irreverência humorística.

Sobre o teatro do Ocidente, Berthold afirma:

> O mundo ocidental abebera-se na exuberância de uma dupla raiz: a cultura greco-romano de um lado, a hebraico cristã, de outro. [...] [Dispomos] desse incrível privilégio [que é o de] termos duas experiências teatrais inéditas, duas vertentes de forma de teatros originais e únicas, a ponto de elas serem até mesmo irreconciliáveis — a grega e a medieval.[39]

Sendo assim, porque o teatro medievo é tão desconhecido? Inacessibilidade do latim? Ingenuidade do enredo? Preconceito porque é medieval? Em relação à Rosvita, pesa ainda a discriminação por sua obra ter sido escrita pela pena de uma mulher. Mas, quem vencer tudo isso, poderá ser conduzido pela mão de uma monja a uma sala de aula do século 10, e, quem sabe, os mestres atuais poderão aprender com a criatividade abundante de Rosvita.

As mulheres cultas e esclarecidas da época tinham um senso de humor e simplicidade encantadores. Para entender isso, é necessário abrir-se a um outro que pertence a uma outra época. Dupla dificuldade.

As mulheres místicas medievais retratavam-se como mulheres simples. Contudo, Rosvita tinha voz em Gandersheim e escreveu muitas obras. Ela deixou oito poemas religiosos e épicos, seis comédias, dramas ou peças moralistas e prosas (crônicas). Tendo

Terêncio, poeta pagão, como referência, Rosvita adaptou seus textos à moral cristã da época.[40] Ela comenta:

> Muitas vezes enrubesci por ter de escrever a respeito da destestável loucura dos amores ilícitos e de inconvenientes colóquios amorosos, coisas às quais não devemos prestar atenção. Mas se, envergonhada, eu não tratasse desses assuntos, não conseguiria atingir meu objetivo, que é o de celebrar o louvor das almas inocentes. Na verdade, quanto maior parece a sedução dos amantes, tanto maior a glória do auxílio divino.[41]

A coragem e criatividade de Rosvita em usar da comparação para contrapor o sagrado e o profano, num momento em que o clero perseguia e condenava o teatro, é admirável. A arte teatral era considerada marginal, sendo que seus artistas haviam sido banidos desde o século 5.

Portanto, ela foi transgressora e causou perplexidadade pelo fato de ter provocado com seus escritos o retorno da dramaturgia num mosteiro de beneditinas. Sem dúvida, devido à dicotomia profano e sagrado, promoveu-se alguns atritos. Ela, porém, foi vitoriosa, pois a própria igreja posteriormente passou a reconhecer o valor pedagógico do teatro e a apreciar os dramas litúrgicos.

Rosvita faleceu em 1002, e todas suas obras foram reunidas em um único documento, que foi descoberto pelo humanista Conrad Celtis (1493—94) num antigo mosteiro beneditino em Refensburg. Ele os publicou em Nuremberg, em 1501, por ordem do príncipe da Saxonia Frederico III, com xilogravuras criadas especialmente para a edição.

As mulheres e o fazer histórico

No início de *História das Mulheres*, encontramos uma interessante perspectiva sobre o fazer histórico: "Articular historicamente o passado não significa conhecê-lo 'como ele de fato foi'. Significa apropriar-se de uma reminiscência, tal como ela relampeja num momento de perigo".[42]

A história de Rosvita é necessária porque toma o fato histórico como um intertexto para escrever (ou reescrever) a história, enfatizando a literatura como forma de construir linhas de fuga à historiografia tradicional, a qual relega as mulheres ao segundo plano. Ao nos "apropriarmos da reminiscência" de mulheres como ela, novas personagens são lembradas, superando as injustiças da história oficial.

Não eram apenas os mosteiros germânicos que contavam com historiadoras. O cargo do cronista dependia de nomeação oficial e era ocupado por religiosos ou religiosas que demonstravam capacidade na escrita, na observação dos acontecimentos e síntese narrativa. Quando eram as monjas que escreviam, buscavam realçar a atuação feminina, colocando as mulheres à altura dos personagens masculinos.

> Nos séculos 15 e 16, final da Idade Média, notou-se a imensa potencialidade de narrar a história demonstrada pelos conventos femininos e como tais crônicas conventuais registram uma interpretação religiosa do passado a partir de uma perspectiva feminina.[43]

As palavras de Rosvita e de outras escritoras e historiadoras parecem inesgotáveis no tempo, pois, além da excelência de suas escritas, levantam preocupações que permaneceram relevantes no curso da história e ainda seguem necessárias também em nosso tempo.

> Em sua arte dramaturga, cujas obras são de caráter educador e evangelizador, Rosvita de Gardersheim dramatiza a vida dos santos e mártires da Igreja justamente com nomes e elementos da

História, com a intenção de criar um modelo de comportamento voltado ao público feminino das congregações conventuais e, poderíamos também dizer para a sociedade cristã. [...] Rosvita mostra [...] que a mulher medieval poder ser forte [...] quando se trata de manter sua fé inabalável.[44]

> A seguir, serão apresentadas mulheres espirituais que se dedicaram à comunhão com Deus e falaram em seu nome. Elas foram as beguinas, que podem ser comparadas a Marta, com sua ação de acolhimento aos necessitados; e a Maria, com sua contemplação e escrita. Algumas foram consideradas mães das línguas nacionais e todas foram agraciadas por Deus com dons espirituais diversos.

Figura 15 – Uma beguinaria em Aarschot (Bélgica)[1]

CAPÍTULO 3

AS BEGUINAS HUMANITÁRIAS DE AÇÃO E AS BEGUINAS CONTEMPLATIVAS DE MEDITAÇÃO

Figura 16 – Ilustração de Maria de Cleófas chorando ao pé da cruz[2]

> **"**
> [...] doravante a palavras das mulheres,
> Uma certa palavra, será tida em conta,
> Ainda que tornando-se um alvo:
> A palavra da beguina é profecia,
> O seu choro sinal de devoção,
> O seu sono sintoma de êxtase,
> O seu sonho uma visão. [...][3]
> **"**

O MISTICISMO OU A ESPIRITUALIDADE MEDIEVAL[4]

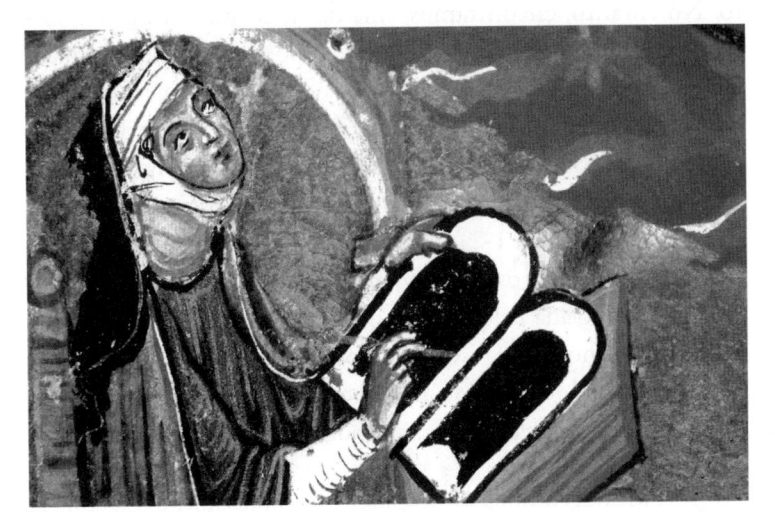

Figura 17 – Hildegard de Bingen e a luz divina[5]

Os místicos queriam uma religião para o sentimento e não para a inteligência; a eles não importavam tanto os raciocínios como chegar ao lugar do gozo de Deus em virtude do amor e das vozes divinas que ouviam no fundo de seu ser.[6]

Devemos às mulheres uma contribuição essencial à história da espiritualidade, da mística, muito mais significativa para aqueles séculos passados em que as mulheres, normalmente, não tinham acesso à instrução [...].[7]

PARA SANAR AS DÚVIDAS acerca do misticismo medieval, faz-se necessária uma explicação da espiritualidade praticada por homens e mulheres no período, principalmente entre aqueles que estavam enclausurados em mosteiros, como o já citado Bernardo de Claraval.

As Escrituras apresentam diversas analogias para o relacionamento entre o fiel e Deus, como a amizade, a filiação e o casamento. No entanto, encontramos uma das mais intensas expressões da profundidade do amor e do desejo possíveis entre o homem e Deus em sua manifestação poética nos primeiros versículos do salmo 42: "Assim como a corça suspira pelas correntes das águas, assim, por ti, ó Deus, suspira a minha alma. A minha alma tem sede de Deus, do Deus vivo. Quando irei e me apresentarei diante da face de Deus?" (v. 1-2).

A Teologia, que é o conhecimento de Deus, só pode ser verdadeiramente vivenciada pelo homem por meio de um relacionamento. O Senhor, trino e uno, está além dos conceitos humanos de existência, divindade e bondade. É somente pela comunhão direta com ele, intermediada pela Palavra, que podemos de fato conhecê-lo.

> A Mística costuma ser definida como conhecimento experimental de Deus, a dimensão profunda que existe em toda a experiência de fé, experiência inefável de unidade participante do Amor infinito que é Deus em seu Mistério. Fruto dessa experiência é um coração sedento. Místicos e místicas experimentam um desejo profundo despertado por Deus, uma paixão infinita, um amor sem limite, que os leva a buscar empreender um caminho de libertação das paixões humanas e estabelecer vínculos novos com o mundo orientados pelo amor a Deus.[8]

Mestre Eckart,[9] considerado o maior místico do Ocidente, não sabia que era um místico, pois a Antiguidade e a Idade Média cristã falavam de "contemplação" — palavra que tinha o sentido originário de filosofar — ou de "vida contemplativa" — que era uma vida de conhecimento voltada para Deus, no afastamento do que é material. Por isso, no próprio uso da palavra e do conceito de "mística" já está implícita a separação daquilo que é comum, universal e, portanto, próprio de cada homem e mulher, o que condena a mística à marginalização e à incompreensão.

Assim, nenhuma pessoa em busca de espiritualidade na época medieval acreditava que praticava "mística", pois, para eles, essas práticas contemplativas já estavam contidas na religião. O estado místico não era procurado como um fim em si mesmo, nem consistia em um diferenciador para quem tinha essa consciência do divino. A palavra "mística" como substantivo entrou no uso comum apenas posteriormente, no século 16. Antes, era um adjetivo que geralmente acompanhava os termos "teologia" ou "interpretação", em contextos relacionados à Sagrada Escritura.

Torna-se necessária, portanto, a distinção "da mística como parte da religião, da mística como um processo ou modo de vida e da mística como uma tentativa de expressar uma consciência direta da presença de Deus".[10]

Outro importante expoente da mística medieval é o abade francês cisterciense Bernardo de Claraval, conhecido como "o doutor Amor". Para ele, a união mística não era uma transformação da natureza. A água permanece água, o ferro continua a ser ferro e o ar é sempre ar, mas todas elas podem complementar outras matérias. Quando o homem se relaciona com Deus, a vontade divina prevalece em suas ações, pensamentos e desejos, sem luta ou dificuldades. Ele afirma:

> Eu diria ser abençoado e santo o homem a quem se concede experimentar algo assim, tão raro é na vida, mesmo ocorrendo apenas uma vez e pelo espaço de um instante. Falecer, como se você não mais existisse, deixar completamente de experimentar a

si mesmo, reduzir-se a nada, não é um sentimento humano, mas uma experiência divina.[11]

No início do século 12, a Igreja viveu uma grande renovação que durou meio século: a Reforma Gregoriana. Ela buscou restabelecer a ordem na sociedade cristã do Ocidente e remediar os principais abusos — como a intervenção dos imperadores nas questões eclesiásticas (nomeação e deposição de cargos eclesiásticos), a simonia e a desobediência ao celibato clerical (imoralidade no clero). Seus resultados, entre outros, foram a utilização das coleções de cânones; o estabelecimento de uma administração eclesiástica centralizada na figura do Papa, com poder de nomear e coroar soberanos; e a restauração das instituições referentes a toda a sociedade europeia — como ao conhecimento, aos valores e às leis.

O abade Bernardo teve a graça de compreender que a Igreja necessitava de uma reforma não tanto legislativa e jurídica, mas espiritual; não de mudanças na organização e na política, mas uma transformação religiosa. Durante décadas, ele investiria todas as suas energias em produzir obras dos mais diversos gêneros, cujo objetivo era promover, no maior número possível de cristãos, a renovação interior.

Esse proclamado doutor da Igreja renunciou a todas as honras eclesiásticas e passou a viver como um verdadeiro monge, permanecendo em um mosteiro por quarenta anos. Ele criticou a pregação contra o vestuário feminino, indagando aos bispos:

> Por que usais adornos femininos, se não quereis ser criticados como as mulheres? Distingui-vos pelas vossas obras e não pelos vossos bordados e peles! Achais que podeis fechar-me a boca dizendo que um monge não tem o direito de julgar os bispos? Prouvesse ao céu que me fechásseis também os olhos: Mas, mesmo que eu me calasse, haviam de falar todos os que são pobres, todos os que andam nus e todos os que passam fome; todos eles se

levantariam para fritar-vos: "É a nossa vida que sustenta o vosso luxo. As vossas vaidades roubam-nos o necessário".[12]

Sobre a contemplação, o teólogo contemporâneo Paul Tillich afirmou: "esse é um dos segredos da existência teológica, o aprendizado do silêncio e da meditação, sem o que não se dá o amadurecimento da vida de fé. É um desafio constante saber acompanhar o Senhor Jesus ao Monte, mas igualmente dele descer para a tarefa evangelizadora (Mt 17.1-13)".[13]

Subir ao monte para orar, entrar em seu quarto e fechar a porta, desfrutar da comunhão divina no "jardim de oração", em seu "refúgio secreto", ou no "castelo d'alma", lugar onde vive o Rei dos reis, como criam os medievais, sem se importar com o local ou com a forma, tendo como objetivo unir Marta e Maria, a ação e a contemplação, como fizeram as beguinas, as quais discutiremos nesse capítulo.

Os cônegos da vida comum de Windesheim recomendavam que era necessário "separar-se do mundo para dirigir mais intensamente seu coração para Deus".[14] A união mística com Deus produz um desejo contínuo de o conhecer e estar perto dele. É um relacionamento sempre agradável, em que a ânsia e a satisfação se alimentam mutuamente. É muito importante a preparação espiritual para tão grande missão no Reino de Deus. Conversar com o Senhor, descobrir sua vontade e colocá-la em ação permite ao fiel ir além do conhecimento de Deus apenas por ouvir falar, porque ele passa a contemplar o Senhor espiritualmente, a conviver com ele, a estar pleno do Espírito Santo e, principalmente, a ouvir sua voz.

Retomando o que já foi mencionado na introdução, a mística medieval não deve, de maneira alguma, ser confundida com o que atualmente se entende por misticismo ou ocultismo:

A mística, quando praticada por mulheres,[15] foi categorizada pela historiografia clássica como uma linguagem alegórica.

Recentemente, entretanto, pesquisadores começaram a enxergá-la como uma reformulação teológica da divindade. A pensadora e teóloga medieval Hadewijch da Antuérpia se destacou, dentre várias razões, por escrever acerca de suas visões sobre o divino em língua vernácula e demonstrar certa independência da Igreja oficial. Para compreendermos as visões de Hadewijch é necessário atentar-se, em primeiro lugar, ao quadro histórico-social em que a beguina viveu. [...] com base nas visões dela (Hadewijch), o movimento beguinal e o amor e sua plenitude com o divino, esboçando as transformações do amor cortês para o amor divino a partir de seus escritos. O segundo objetivo é, então, delinear algumas das transformações que envolvem o amor cortês em amor divino por meio, também, das visões de Hadewijch.[16]

A partir do século 13, nas obras literárias femininas medievais, sobressaíram-se textos biográficos sobre as profundas experiências espirituais na comunhão com Deus para edificação e instrução, com o compromisso de registrar a realidade dos acontecimentos. As adeptas da mística medieval configuram uma das maiores expressões desse momento histórico, quando se fortaleceu a participação intelectual das mulheres, tanto no ambiente da fé quanto na elaboração de obras religiosas e literárias.

Para se caracterizar uma praticante da mística no feminino, é necessário o conhecimento do protagonismo da mulher na espiritualidade medieval, principalmente sobre a importância das beguinas. Só dessa forma isso torna-se possível, considerando especialmente a maneira como essas mulheres lidaram com sua experiência com Deus.

A mística feminina abriu espaço para as escritoras, e o principal foi que suas biografias foram escritas em línguas vernáculas, suplantando o latim e as transformando em historiografias.

Esses textos ultrapassaram os muros dos conventos e alcançaram as praças das cidades e as moradias dos leigos, o que tornou a narração da vida uma necessidade feminina, considerando que as mulheres passavam por dificuldades para defender seus ensinos espirituais e confrontar uma teologia científica masculina que tinha por suspeito o conhecimento produzido fora das universidades ou dos monastérios. As mulheres místicas foram consideradas subversivas e apelaram para a história, autenticando a realidade de suas experiências e a doutrina conforme a tradição da espiritualidade. Elas usaram as biografias, não para engrandecimento próprio, mas como meio de comunicar a verdade.

Essa subjetividade, o êxtase da comunhão com Deus, as visões e os dons que recebiam do Espírito Santo precisavam ser conhecidos. De acordo com Tillich, esses momentos não eram preenchidos apenas por apaziguamento e renovação. Muitas vezes, significavam enfrentar demônios e verdadeira tentação. Assim, fazer teologia implica fé e vivência dessa fé, o que se traduz pela palavra espiritualidade ou, em termos medievais, por mística cristã.

O ato místico de contemplação e comunhão com Deus foi expresso de várias maneiras: "Quando a alma está decapada [nua] de si própria é que ela é inteiramente atravessada", por Hildegard de Bingen; "Deus realiza sua obra no deserto de cada um", por Margarida Porete; Ludolph von Sudheim afirma que "é elevando-se nos ares que o homem muda realmente" e acrescenta que o ato de retiro "se torna então uma 'fortaleza do silêncio' em que o homem, tendo feito o vazio, pode acolher Jesus Cristo".[17] O mestre Eckhart definiu: "Essa pequena fortaleza está tão elevada acima do mundo e de todo poder que apenas Deus pode penetrá-la";[18] e J. Mombaet declarou: "Em vigília ou adormecido, sentado, comendo e bebendo, pode-se estar só mesmo no meio dos outros, só com Cristo".[19] Por fim, a já citada Margarida Porete afirmava que Deus age enquanto Maria descansa, porque é quando calamos e sentamos, e não quando falamos e buscamos, que alcançamos a comunhão com Deus — algo que discutiremos nos próximos tópicos.

O Espírito Santo é o espírito de Jesus Cristo. A trindade também se faz presente hoje e é atuante no mundo: "O vento sopra onde quer, você ouve o barulho que ele faz, mas não sabe de onde ele vem, nem para onde vai; assim é todo o que é nascido do Espírito" (Jo 3.8). Essa definição bíblica demonstra o poder vivificador e renovador do Espírito que alcança toda a criação. É por meio de gemidos que o Espírito clama em nós, sobretudo em nossas dores, na angústia, no sofrimento e mesmo na morte (Rm 8.26; Gl 4), ainda que não nos demos conta de sua presença.

Contudo, para aquele que se importa, que já experimentou o espírito de Deus, não o terá mais como simples conceito ou como um conhecimento adquirido, pois, como diz a Bíblia, "O próprio Espírito confirma ao nosso espírito que somos filhos de Deus" (Rm 8.16).

A espiritualidade, portanto, é uma atitude ou um estilo de vida que tem em seu fundamento uma genuína experiência espiritual que leva à transformação.

> O Cântico dos Cânticos foi a raiz da poética teológica medieval, inspirada pela sabedoria bíblica. Místicos e místicas foram vistos, não raras vezes, e ainda o são, como personalidades que não pertencem ao sistema do cristianismo oficial, justamente porque ele desfigura o acesso originário aos genuínos valores da experiência religiosa. Diante disso, a destruição fenomenológica garante o retorno à experiência originária e a formação da base autêntica para o desenvolvimento de uma linguagem religiosa, que, sem esse fundo fático-experiencial, se torna um *"falatório vazio* e até mesmo uma idolatria".[20]

A partir do final do século 17, a mística se tornou marginal, reservada aos que eram poucos favorecidos pela graça divina e que, por isso, se exprimia em visões sobrenaturais e experiências estáticas particulares. Assim, deixou de ser algo universal, pertencente a todos cristãos. Esse é o significado que o termo assumiu na contemporaneidade e que o coloca em oposição à ciência, à lógica e à razão. Infelizmente, tal perspectiva negativa ainda não foi abandonada, ao menos não no imaginário popular.

AS BEGUINAS

No evangelho de Lucas, lemos a narrativa da visita de Jesus à casa de Lázaro e de suas irmãs Marta e Maria. Enquanto Marta ia de um lugar a outro fazendo as tarefas da casa e se esforçando para ser uma boa anfitriã, Maria se sentou aos pés do convidado de honra e o escutou falar. Na tradição cristã, Marta e Maria simbolizam a vida ativa e a vida contemplativa.

Enxergamos esses dois lados no movimento das beguinas: a história narra a vida daquelas que cuidaram dos outros e os educaram para que fossem autossuficientes; enquanto outras foram dotadas por Deus para viver uma vida de oração e comunhão com ele, abençoando muitos com seus escritos e conselhos espirituais.

Ativas no mundo, as beguinas foram também intelectuais contemplativas, usando sua liberdade para aprender na prática a cultura da época. Elas ocuparam um lugar da palavra susceptível de exprimir a indizível união com Deus: descrições de êxtases, relatos de visões e expressões de experiência espiritual.

A plenitude da graça divina experimentada e a relação entre a compaixão, o conhecimento místico e a amizade espiritual foram consideradas excepcionais pelos seus contemporâneos e se tornaram objeto de análise nos séculos posteriores. Nesse novo comportamento espiritual feminino medieval, foi também encontrada uma piedade laica e voluntária. Assim, os êxtases, o conhecimento místico, os afetos e as emoções experimentados por elas constituem um elemento essencial na construção e na afirmação da identidade santa dessas mulheres piedosas.

As Martas[21]

Figura 18 – Desenho de uma beguinaria e uma oficina beguina[22]

As beguinas quiseram ser espirituais, sem ser religiosas; quiseram viver entre mulheres, sem ser monjas ou abadessas; quiseram rezar e trabalhar, porém fora de mosteiros; quiseram ser cristãs fora da igreja institucional e das heresias; quiseram experimentar sua materialidade corporal, mas sem ser canonizadas ou demonizadas. Para fazer possível no seu mundo este desejo pessoal, inventaram a forma de vida beguina, uma forma de vida refinadamente política, que supõe estar além da lei, não contra lei. Nunca pediram ao papa chancela em sua vivência e convivência, nem tampouco se rebelaram contra a igreja.[23]

EM QUE PESE ALGUMA VARIAÇÃO de circunstâncias, as beguinas formaram um movimento de mulheres leigas que buscaram viver a sua fé para além dos muros dos conventos e mosteiros. Isso implicou que vivessem em pequenas comunidades, em casas simples, dedicando-se à oração, ao trabalho intelectual e manual e ao serviço aos excluídos daquela época, sem que para tanto se sentissem obrigadas a professar votos perpétuos ou a se integrar numa instituição eclesiástica.

Elas provaram possuir qualidades e virtudes raras, foram mestras da vida — as beguinas de ação — e artesãs da alma — as beguinas de contemplação. Sustentadas por uma espiritualidade que as aproximava de Deus e dos pobres, uniam discernimento, sabedoria, coragem profética, criatividade, resiliência e fidelidade à causa dos necessitados.

Entre elas, havia as de caráter mais diretamente contemplativo, que buscavam uma vida de maior espiritualidade e comunhão com Deus; e aquelas de caráter mais ativo, com pronunciado alcance social, cuja empatia e compaixão as sensibilizavam para o sofrimento e o desamparo dos necessitados.

Essas mulheres exerceram seu ministério ao longo de mais de três séculos, durante a Baixa Idade Média. "Embriagadas de Deus" e tocadas pelas Escrituras, atuaram como os profetas do Antigo Testamento, buscando atender e ser fiéis aos apelos do Espírito.

Em 1215, o IV Concílio de Latrão havia proibido o estabelecimento de novas ordens religiosas. Contudo, pela influência de Tiago de Vitry, um bispo que admirava e reconhecia os talentos das beguinas, o papa Honório III consentiu em que mulheres pias — não somente na diocese de Liège, onde Vitry atuava, mas também na França e na Alemanha — vivessem em comunidade, mesmo sem pertencer a uma ordem aprovada, e se exortassem mutuamente.

Apesar de falar contra as mulheres, enfatizando que eram tentadoras, o dominicano Vitry destacou a excelência de Maria de

Oignes, a primeira mulher reconhecida como beguina. Ele foi seu confessor e escreveu sua biografia. Vitry e alguns outros frades enxergavam essas mulheres como "exceção": eram tão santas que deixavam de ser mulheres.

Uma mística feminina começou a ser vivenciada nesse momento de efervescência espiritual, e um movimento fora do controle da igreja se tornou conhecido por meio dos escritos e da ação caridosa de mulheres. O surgimento do mais original e controverso grupo desse movimento surgiu entre os séculos 12 e 13: as beguinas, mulheres humanitárias que se agruparam em uma vida de comunhão com Deus e assistência aos necessitados.

No século 13, houve um intenso ingresso de mulheres na vida religiosa; as que não tinham recursos para o dote, dedicaram-se a uma vida "semirreligiosa". Assim fizeram as beguinas, mulheres, solteiras ou viúvas, que viviam uma vida de oração, trabalho manual e caridade. Para melhor controle do movimento, estimulou-se a construção de beguinarias, onde viviam em pequenas casas rodeadas por grandes muros.

> As "beguinas" eram moças que não queriam entrar num mosteiro, queriam dedicar a vida ao serviço de Deus e do próximo. Até os 30 anos de idade viviam na casa de uma "beguina" mais velha. Ao completar 30 anos, passavam a viver sozinhas numa casinha. Dedicavam a vida ao trabalho, ao serviço dos pobres, doentes ou anciãos. Realizavam exercício de piedade em conjunto, mas cada uma tinha uma vida independente. Formavam às vezes ruas inteiras de casinhas semelhantes. Em certas cidades formavam uma cidade dentro da cidade (*Begijnhof, Béguinage*). [...] Em síntese, essas "beguinas" eram leigas, não faziam votos, viviam na pobreza e na piedade. Praticavam a continência, mas podiam sair da vida de "beguinas" quando quisessem.[24]

Não se tratava de uma ordem religiosa, elas não eram monjas; algumas foram consideradas filhas rebeldes de famílias de classe média e alta, enquanto outras vieram de classes mais pobres e de igual modo recusaram a clausura do convento ou do matrimônio — as únicas opções de vida para a maioria das mulheres na época. As beguinas se negaram a viver debaixo da autoridade de um sacerdote, do pai ou do esposo. Elas abandonaram suas casas para viver na pobreza, dedicadas à caridade, à pregação e à contemplação.

O movimento surgiu em Flandres, ao norte da França e ao oeste da Alemanha, e entrou em declínio por conta da perseguição por heresia, quando foram condenadas por pertencerem à seita dos Irmãos do Livre Espírito, algo que sempre negaram.

Apesar da oposição, as palavras das beguinas confirmam sua notável cultura literária e grande bagagem teológica, demonstrando que foram visitadas pela graça a fim de difundir a verdade divina. Providas de forte consciência como eleitas por Deus, as beguinas se sentiram privilegiadas e validadas, e foram ousadas em seu discurso.

Em seu legado consta também uma revolução pedagógica, pois as beguinarias eram centros educativos onde compartilhavam conhecimentos teóricos e práticos. Nelas, todas as mulheres, independentemente da idade, aprendiam a ler, a escrever e se formavam em diversos ofícios. Assim, gerações de mulheres foram alfabetizadas e se tornaram autossuficientes. A mais antiga beguinaria está em Aachen, Alemanha, e data de 1230.

Mulheres de diferentes estratos sociais que viviam em comunidade, as beguinas não se submetiam a uma autoridade masculina nem a uma abadessa ou madre superiora, e, assim, tornaram-se espirituais, mas não religiosas.

O ministério das beguinas

Figura 19 – Banhando leprosos[25]

Elas ansiavam por incorporar a mensagem de Jesus Cristo como a compreendiam: pregando e ensinando sobre o amor de Deus por todas as pessoas. E imitando Jesus e seus primeiros seguidores, as beguinas alimentavam os famintos, davam de beber aos sedentos, vestiam os nus, abrigavam os sem-teto, visitavam os doentes e presos e enterravam os mortos. No entanto, essas mulheres ultrapassaram os ministérios mais "tradicionais" de adeptos da *vita apostolica*, estabelecendo e financiando enfermarias, educando as crianças e ensinando habilidades aos pobres para que pudessem cuidar de si mesmos e de suas famílias.[26]

AS BEGUINAS NÃO PERTENCIAM a nenhuma ordem e não acatavam os votos de pobreza e castidade. Dedicavam-se a cuidar dos enfermos e dos pobres, serviam em leprosários, atendiam aos moribundos e eram professoras de meninas sem recursos. Elas também trabalhavam para se manter: costurando, bordando e cultivando suas hortas. Muitas se consagravam a alguma arte, como a música, a pintura ou a literatura.

Convertidas em párias, como as mulheres que perderam seus esposos nas Cruzadas, as beguinas fundaram comunidades independentes: as beguinarias, onde trabalhavam a terra, criavam animais, fabricavam cerâmicas, ocupavam-se da fabricação de tecidos, estudavam a Bíblia, oravam e educavam.

Desde o início do movimento, as beguinas de toda a Europa visitavam os doentes em suas casas, trazendo alimentos e providenciando saneamento básico e cuidados de saúde. Elas oravam com os inválidos e lhes ensinavam o evangelho, sempre com intenção de se assemelharem ao Cristo sofredor, que contemplava os enfermos.

Algumas beguinarias se transformaram em hospitais, e as fiéis enviavam comitivas para dar assistência aos leprosários, acolhiam os leprosos e davam trabalho às prostitutas, para que tivessem sustento. Também recebiam órfãos, que eram cuidados por seguidoras das beguinas instruídas por elas sobre como cuidar de crianças.

Além do serviço aos membros mais frágeis da sociedade, as beguinas desejavam anunciar o evangelho de Cristo para o bem das almas. Elas foram consideradas ministras, com livre entrada em lugares que não eram visitados por ninguém. Porém, o movimento foi considerado radical e, a princípio, mesmo cuidando apenas das mulheres, não de homens, o que era proibido, foram acusadas de heréticas.

Jacques de Vitry, impressionado com as enfermarias beguinas que visitara nos Países Baixos, descreveu uma delas como "hospícios de piedade e vida devota, refúgio dos pobres, apoio aos desgraçados, consolo e alimento para os que frequentam os refeitórios, conforto e alívio para quem está doente".[27]

O movimento das beguinas iniciou-se em Flandres, região que comportava a Bélgica e a França, atingiu os Países Baixos (Holanda) e chegou até a Alemanha e outras regiões, expandindo-se para Catalunha, Renania e Baviera.

Como missões não clericais e matriarcados castos e assistenciais, as beguinarias formaram pequenas comunidades isoladas cuja independência não tardou em alarmar as paróquias das aldeias, que as combatiam sem tréguas a fim de reduzir seu número e limitar sua expansão.

Muitas beguinas sofreram perseguição da Igreja e algumas pagaram com a vida sua intransigência anticlerical. Elas sofreram discriminações, e o furor da alta hierarquia eclesiástica voltou-se contra aquela enorme coragem profética de mulheres livres que ousavam compartilhar relatos de suas visões.

A história dessas mulheres é marcada por contínuos ciclos de perseguição e reabilitação. Em 1233, o papa Gregório IX promulgou uma bula aprovando as "boas beguinas", ou seja, as enclausuradas, e desaprovando as seculares. Em 1273, o bispo alemão Bruno de Olmutz reclamou ao papa que as beguinas deviam casar-se ou entrar para uma ordem regular.

Em 1311, o papa Clemente V — a quem Dante reservou um lugar no inferno — acusou as beguinas de heresia. Em 1312, elas foram condenadas como hereges no Concílio de Viena, com a decisão de que "seu modo de vida deve ser proibido definitivamente e excluído da igreja de Deus".[28] Guerizoli, o tradutor das bulas condenatórias, e Mestre Eckart ponderaram que o documento papal tomou a parte pelo todo e confundiu a espiritualidade do movimento com o de outras seitas, como a dos Irmãos do Livre Espírito.

Para escapar da perseguição, muitas beguinas e begardos (homens errantes que, em semelhança às beguinas, não tomavam votos, mas pregavam a fidelidade à prática do evangelho) tornaram-se parte da terceira ordem das congregações religiosas. As que sobreviveram ficaram nas periferias de pequenas cidades ou em zonas rurais, isoladas, silenciosas e semiesquecidas.

Em 1321, o papa João XXII anulou a sentença contra as beguinas e permitiu que continuassem com seu estilo de vida. Em meados do século 14, havia cerca de 169 beguinarias com 1.170 residentes na Colônia, e aproximadamente 600 beguinas habitavam em Estrasburgo. Considera-se que atingiam 10% da população feminina na igreja romana.

No século 16, com a volta das suspeitas contra elas, algumas decidiram unir-se à Reforma, especialmente ao movimento anabatista. No século 20, ainda havia comunidades beguinas na Bélgica.

As línguas vernaculares[29]

A língua materna ou vernácula, que é a língua que cada pessoa aprende a falar na infância, é a que permite uma melhor leitura do mundo por intermédio das palavras. É pela língua materna que as experiências são repassadas de formas mais ricas entre as pessoas, isto porque desde a infância a percepção do mundo passa pelos conceitos formulados pelos ensinamentos femininos.[30]

Para além da ação social, a atuação das beguinas também foi singular no campo intelectual, pois elas escreveram sobre Deus nas línguas vernáculas e, assim, evangelizaram o povo, trazendo àquela sofrida época a luz e a paz de Cristo: as "beguinas traduziram a Bíblia e outros textos religiosos, lecionaram, cuidaram de doentes, venderam os seus talentos, tais como contabilidade, leitura e escrita".[31]

O vernáculo é um termo utilizado para designar o idioma próprio de uma região, utilizado tanto no falar, como no escrever, sem fazer uso de expressões estrangeiras. As beguinas perceberam que, para ensinar a Palavra de Deus e se comunicar com o povo, seria mais eficaz utilizar sua própria língua. Se o povo entendesse a mensagem, o que não acontecia quando ouvia o latim, poderia aceitar o evangelho e verdadeiramente o seguir.

> A mística beguina põe o feminino, a transcendência e a língua materna em relação íntima. Este vínculo não desaparecerá da história da Europa, apesar da perseguição a que foram submetidas pelas igrejas cristãs, pelo pensamento e pela política laica do Humanismo e do Renascimento, e pelos Estados absolutistas da Europa Moderna.[32]

Matilde de Magdeburgo, uma das primeiras escritoras beguinas e místicas a escrever em alemão — e que foi beguina por quarenta anos —, escreveu em baixo alemão. Ela será enfocada no capítulo seguinte, quando discutiremos as trovadoras e profetisas de Deus. Como já colocado, as personagens femininas exerceram múltiplas funções, o que torna difícil situá-las em um único papel. Matilde foi escritora, mas também profetisa; e Hadewijch da Antuérpia, citada como trovadora de Deus por se dedicar à música e a tantas outras funções, foi considerada a fundadora da língua flamenga.

As Marias

Figura 20 – Mulher medieval em seu escritório[33]

Convém ainda ter aqui presentes dois aspectos: não apenas a quantidade de nomes femininos ilustres, como sobretudo o caráter de suas produções, valendo ressaltar, como no caso de Hadewijch da Antuérpia, ter-se tratado da fundadora da língua flamenga, tal o pioneirismo e tal a qualidade atribuída à sua produção literária.[34]

NAQUELE TEMPO, O ENSINO da Teologia deixou de ser um monopólio do clero, e assim, além de se tornar acessível a um maior número de pessoas, passou a receber contribuições por parte das mulheres. Elas colocaram no papel suas experiências com Deus com ousadia, recorrendo a línguas de alcance popular para divulgar suas mensagens durante uma época em que se escrevia apenas em latim, a língua sacra. Considera-se que as beguinas e os trovadores fundaram as línguas literárias flamenca, francesa e alemã, participando da abertura do saber teológico aos leigos, arrancando-o do latim clerical e vertendo-o para as línguas vulgares.[35]

Algumas das consideradas mães das línguas europeias serão apresentadas na sequência. Entre elas, destacam-se Beatriz de Nazaré, holandesa, com a obra *Sete maneiras do amor sagrado*; Matilde de Magdeburgo, considerada a mãe da língua alemã, com *A luz transbordante da deidade*; Margery Kempe, autora da primeira autobiografia inglesa; e Hadewijch de Antuérpia, com *Visões*, que é a autora dos mais antigos documentos em língua flamenga, sendo considerada a fundadora do flamengo escrito.[36]

Além de terem sido escritas em línguas vernaculares, o diferencial dessas obras é que elas falavam de Deus tendo como referência o modelo literário não sacro do amor cortês, como pode ser visto no verso de Hadewijch da Antuérpia a seguir:

> Ao nobre amor
> Tenho me dado completamente
> Perda ou ganho
> Tudo é seu em qualquer caso.
> O que me sucedeu que não estou em mim?
> Sumiu a substância de minha mente.
> Mas sua natureza me assegura
> Que as penas do amor são um tesouro.[37]

A poesia das místicas visionárias era construída com os mesmos elementos da canção dos trovadores: desejo pelo amado, ansiedade, depreciação de tudo que não seja o bem anelado e submissão ao amante, que era Cristo.

Em relação ao ensino, normas rígidas negavam a função docente às mulheres, tanto no campo cultural como no religioso. Contudo, apesar de não terem sido autorizadas a pregar a Palavra de Deus, algumas mulheres conseguiriam burlar as restrições — como é o caso de Margery Kempe, que discutiremos mais adiante.

O evangelho não só concede o direito, como atribui a todo cristão o dever de falar de Deus, de pregar a mensagem de boas novas (At 4.20; 18.9; 2Tm 4.2). Em Gálatas, Paulo declara que "não pode haver judeu nem grego; nem escravo nem liberto; nem homem nem mulher; porque todos vocês são um em Cristo Jesus" (3.28), portanto, todos estão incumbidos dessa tarefa.

Porém, a questão era vista de outra forma na Idade Medieval:

> O direito canônico, as exegeses, a teologia concordam em afirmar que as mulheres não podem ensinar nem pregar. Fechadas atrás das paredes domésticas e conventuais, colocadas numa situação de submissão relativamente ao homem, assinaladas por uma natural debilidade intelectual, dotadas de um corpo frágil, cuja vista pode gerar motivos de luxúria, incapazes de dominarem as técnicas da palavra, as mulheres ficam fora das universidades, onde homens especialistas nas artes da lição e da polêmica elaboram e transmitem conhecimentos aos outros homens. Com os mesmos argumentos é negada às mulheres a possibilidade de pregarem a Palavra de Deus. A rigidez com que teólogos e pregadores regressam a este tema resulta do fato de que as mulheres puseram e continuam a pôr em discussão o privilégio dos clérigos de serem os únicos e legítimos depositários da palavra da salvação.[38]

O culto mariano, irrompido no século 12, deu sua contribuição para o ministério feminino, possibilitando a entrada das mulheres no território da devoção, sendo que cada vez mais mulheres pregavam a Palavra de Deus e a experiência mística as levava continuamente a falar com Deus, de Deus e por conta de Deus.[39]

A partir do século 12, precursores como Robert d'Arbrissel e Hildegarda de Bingen se esforçaram para livrar a mulher das suspeitas que faziam pesar sobre ela o papel desempenhado por Eva no pecado original e da fraqueza intelectual e moral que lhes atribuía toda uma tradição literária antiga, na qual os autores medievais insistiram.

As damas medievais tinham formação cultural que lhes permitia tomar consciência de sua própria situação e encontrar na vocação pela Filosofia e Teologia os meios para se fazer ouvir. A alternativa feminina culta não foi ir contra as proibições, mas encontrar uma brecha para vocalizar o que tinham a dizer. Nem por isso foram consideradas menos pecadoras e muitas delas foram condenadas só pelo fato de escrever: "A mulher não deve aprender a ler ou escrever senão para se tornar freira, porque muitos males têm acontecido por elas lerem e escreverem".[40]

Apesar das oposições, o fato é que mulheres começaram a escrever. Além de terem se tornado fundadoras da poesia e do idioma literário de alguns países europeus, foram também precursoras do misticismo que conhecemos por Bernardo de Claraval, mestre Eckhart e outros escritores masculinos.

> Várias das mulheres que serão citadas como trovadoras de Deus foram profetisas e fizeram notáveis afirmações teológicas. Curiosamente, entretanto, o que elas proclamaram geralmente não é definido como teologia, mas como mística. As mulheres desejaram afirmar, com seu estilo próprio de falar, uma maneira distinta da religião proveniente da teologia tradicional, contribuindo com sua opinião para as discussões teológicas. No entanto, os homens — a fim de garantir sua própria definição teológica — classificaram a teologia das mulheres como "mística".[41]

Quem foram essas mulheres e sobre o que escreveram?

Beatriz de Nazaré (1200-1268)[42]

Beatrijs van Nazare ou Beatrijs de Tiene

Em Os sete modos de amor, Beatriz de Nazaré reflete sua experiência do divino na sua plenitude: sem limites, sem objeções, sem intermediários (sine medio), no que podemos chamar de uma ascese do desejo, apresentada ao longo do seu livro. [...] No percurso apresentado, Beatriz se mostra como uma autêntica trovadora de Deus, como uma anunciadora do divino, cujas ideias ultrapassam, em muito, os simples limites da razão, sem cair, entretanto, na ideia de que diz coisas sem sentido.[44]

Figura 21 – Ilustração de Beatriz de Nazaré[43]

BEATRIZ NASCEU EM TIENEN, na Holanda, e foi a sexta filha de uma família de classe média, cujo pai, Bartolomeu, era um piedoso homem de posses. Ela foi educada pela mãe Gertrudis e recebeu uma boa formação escolar, sendo que aos 5 anos já sabia recitar o saltério de Davi.

Quando tinha apenas 7 anos, perdeu sua querida mãe e foi entregue a uma comunidade de beguinas de Zoutleeuw; o pai permaneceu com dois filhos e três filhas. Na comunidade, ela ficou sob o encargo das religiosas da época, que haviam sido cativadas pelo amor de Deus, e recebeu uma educação linguística completa. Beatriz manteve o relacionamento com suas cuidadoras por toda a vida, pois se considerava uma artista intelectual que precisava desenvolver seus talentos e aumentar seu conhecimento espiritual.

Dois anos depois, ela voltou à casa paterna. Em 1210, seu pai ingressou no mosteiro cisterciense como administrador leigo, levando toda a família com ele. Lá, Beatriz passou a viver como oblata, ou seja, uma leiga consagrada, e completou seus estudos. Aos 15 anos, tornou-se noviça e passou a ter uma vida de extrema austeridade: usava um cinto de espinhos e comprimia seu corpo com cordas. Naquele local também aprendeu a arte de escrever e copiar manuscritos.

No mosteiro em Rameia, ao sul de Tienen, ela se dedicou a copiar e ilustrar manuscritos. Com isso, familiarizou-se com a literatura espiritual existente à época. Lá também conheceu Ida van Nijvel, três anos mais velha. Aquela foi uma amizade intensa, pois uma santa comunhão se desenvolveu entre as duas mulheres, que foi de excepcional importância para o crescimento espiritual de Beatriz. Ainda nesse mosteiro, Beatriz teve sua primeira visão sobre o Deus Trino, no Natal de 1217, que, seguida de outras, deu base para sua obra.

Em uma de suas narrações, Beatriz afirma que "o Senhor da misericórdia transpassou de repente sua alma com o fogo do seu amor como uma flecha ardente, e penetrou em seu coração como uma espada em chamas".[45]

Aos 26 anos, ela se tornou monja beneditina. Em 1236, fundou o mosteiro feminino de Nazaré, em Lier-Brabante, na Bélgica, e se tornou a primeira prioresa da abadia, cargo que exerceu até a morte. A obra que escreveu, na qual reuniu todas suas visões, foi intitulada de *Sete maneiras do amor sagrado*, que foi o primeiro escrito em prosa do idioma neerlandês. A obra foi traduzida para o latim e incorporada à biografia de Beatriz, cujo título é *Vita Beatricis*.

O termo "amor divino", *minnemystik,* em holandês, ou *gottesminne,* em alemão, vem da palavra *minne*, que se traduz habitualmente por "amor". Nossas místicas beguinas identificaram *minne* (amor) com Deus, porque Deus é amor, mas também é o amor vivido e padecido por todos os que amam e são amados por ele.

O livro, do qual restam poucos trechos, foi resultado de anos de comunhão, reflexão e experiência com Deus. As palavras iniciais são: "Existem sete maneiras de amar, que saem do Altíssimo e retornam ao mais rico."[46] Essas maneiras não são apresentadas como passos, mas como diferentes meios de amar:

1ª – Desejar restaurar a alma à imagem de Deus. Esse desejo deve ser motivado pelo amor, e não pelo medo;

2ª – Entregar seu tempo a Deus, sem esperar retorno;

3ª – Aceitar e realizar a natureza radical da fé, mesmo que as tentativas para a alcançar sejam frustradas;

4ª – Ser infundido pelo amor divino ao ponto de ser absorvido pelo Amor e se sentir o próprio Amor;

5ª – Fortalecer fortemente o amor para que surja um sentimento tempestuoso que quebre o coração e arraste a alma para fora de si no exercício e no deleite do amor;

6ª – Ter a alma totalmente conquistada pelo amor. Essa alma pratica os exercícios do amor, deleita-se no amor, e tudo faz por amor;

7ª – Imergir plenamente a alma no Amor. Este amor será constrangido pelo amor divino (pela trindade).[47]

A espiritualidade de Beatriz foi influenciada tanto pelo amor cortês quanto pelos escritos de Bernardo de Claraval. Contudo, sua obra foi questionada pela Inquisição:

> Uma mulher escrevendo sob sua própria autoridade, uma mulher testemunhando uma experiência direta com Deus, refletindo sobre a alma sem gênero, sugeria que aquela mulher era igual ao homem aos olhos de Deus. Eruditos acreditavam que seguidores de Beatriz queimaram seu manuscrito original para o proteger da Inquisição e que cópias tinham sido feitas e escondidas.[48]

Beatriz faleceu em 1268 e foi sepultada no mosteiro de Nazaré, onde era superiora.

Margarida de Oingt (1240?-1310)[49]

Marguerite de Duyngt ou Marguerite d'Oingt

Figura 22 – Placa sobre Margarida de Oingt[50]

Margarida tinha uma personalidade linear, simples, aberta, de doce afetividade, grande equilíbrio e agudo discernimento, capaz de penetrar nas profundezas do espírito humano, discernindo seus limites, suas ambiguidades, mas também suas aspirações, o élan da alma em direção a Deus. Mostrou uma notável aptidão para o governo, conjugando a sua profunda vida espiritual mística com o serviço às irmãs e à comunidade.[51]

MARGARIDA PERTENCIA A UMA nobre família de Lion, na França; era filha de Guiscardo, senhor de Oingt, tendo nascido em uma poderosa família da nobreza antiga. Em testamento, seu pai lhe deixou uma renda anual de 100 salários.

Possuía dois irmãos, Giscard e Louis, e três irmãs, Catherine, Elizabeth e Agnes — esta última a acompanhou no mosteiro e lhe sucedeu como prioresa. Margarida valorizava as imagens ligadas à família, com enfoque nas figuras do pai e da mãe, que também se chamava Margarida. Em uma de suas meditações, ela declarou:

> Gentilíssimo Senhor, quando penso nas graças especiais que você me concedeu por sua solicitude: em primeiro lugar, como você cuidou de mim desde a minha infância e como me tirou do perigo deste mundo e me chamou para me dedicar ao seu santo serviço, e como você me forneceu tudo o que era necessário para mim: comida, bebida, roupas e calçados (e você o fez) de tal maneira que eu não precisei pensar nestas coisas, mas somente em sua grande misericórdia.[52]

Posteriormente, Margarida escreveu sobre seu nascimento:

> A mãe que me carregou em seu ventre sofreu muito ao me dar à luz, por um dia ou uma noite, mas você, clemente Senhor, foi atormentado por mim não apenas por uma noite ou por um dia, mas por mais de 30 anos! [...] E quando chegou o momento do parto, o teu trabalho foi tão penoso que o teu santo suor tornou-se como gotas de sangue que escorriam em todo o teu corpo até ao chão.[53]

Ela entrou no mosteiro de Nossa Senhora de Poleteins e lá se tornou a prioresa da ordem dos cartuxos, uma regra estritamente ascética e contemplativa que produziu belos frutos espirituais na Idade Média. Ao entrar no convento, escreveu que deixou tudo por amor a Deus, mas que esse tudo, na verdade, era muito pouco, pois quanto mais se tem as riquezas deste mundo mais elas são desejadas. Ela segue escrevendo que, ainda que possuísse mil mundos, abandonaria tudo por amor a Deus, e mesmo que ele lhe desse tudo que há no céu e na terra, de igual forma, os abandonaria.

Margarida declarou que gravou em seu coração a vida santa que Cristo passou na terra. Ela se dedicava ao estudo dos Evangelhos, todos os dias, começando bem cedo. Até que começou a sondar sua própria consciência e reconheceu as falsidades e mentiras de seu próprio viver. Assim, ela escreveu sobre si mesma para ajudar aos outros e para ter impressa em sua alma a graça da presença de Deus, de maneira que, a cada dia, sua vida fosse marcada pela comparação com as palavras e ações de Jesus.

Por meio de seus escritos, Margarida transmite traços de sua espiritualidade e nos permite compreender sua personalidade e seus dons. Ela era culta, escrevia em latim e em provençal,[54] sendo que seus escritos foram os primeiros a serem publicados nesse dialeto.

> A obra de Margarida de Oingt teria sido o primeiro escrito feminino deste tipo na Idade Média e, embora mais tarde tenha chegado a ser lido por outros, nasceu de uma necessidade interior da autora, de uma espécie de desabafo de algo que a atormentava e precisava ser externado.[55]

A vida de Margarida foi rica espiritualmente, suas experiências místicas eram descritas com simplicidade, e seus escritos destacavam sempre a inadequação de sua linguagem humana para expressá-las. Sua personalidade era meiga e equilibrada; ela tinha discernimento e conseguia entender os corações humanos. Era notável sua competência na administração, e sua vida espiritual mística andava lado a lado com o serviço à sua comunidade. Em uma carta ao seu pai, escreveu:

> Meu querido pai, desejo informá-lo que estou tão ocupada com as necessidades de nossa casa, que não consigo pensar nas coisas

boas; tenho tanto a fazer que não sei para que lado me virar. Não colhemos o trigo no sétimo mês e nossas vinhas foram destruídas pela tempestade. Além disso, nossa igreja está em um estado tão lamentável que somos obrigados a reconstrui-la em parte.[56]

É interessante destacar a preocupação da sábia jovem com sua espiritualidade, mas também com as necessidades terrenas. Várias vidas estavam ao seu encargo e sua residência, o monastério, estava parcialmente destruído. Não era necessário ser excludente: era preciso cuidar do corpo e do espírito, das coisas materiais e espirituais. Não se deve cuidar apenas de uma parte, porque a outra sofrerá e não poderá servir de suporte adequado quando a necessidade chegar.

Margarida sabia valorizar os afetos naturais, purificados pela graça, para compreender mais profundamente a ação divina. A razão está no fato de que a pessoa humana é criada à imagem de Deus e pode construir com ele uma maravilhosa história de amor, desde que se envolva neste relacionamento.

Ela considerava Cristo como um livro, no qual fixava seu olhar, e como um espelho que refletia sua consciência. Foi esse espelho que fez a luz entrar em sua alma. Cristo deixou nela a Palavra e Margarida foi transformada, pois "no princípio era o Verbo, e o Verbo estava com Deus, e o Verbo era Deus" (Jo 1.1).

Diversos trabalhos menores de Margarida, redigidos apenas para uso privado, são conhecidos, como sua obra *Speculum* [Espelho], publicada posteriormente, e outros, pois ela escrevia incessantemente.

A base do *Espelho* é uma visão em que Cristo aparece à freira com um livro na mão, todo coberto de caracteres. O livro aberto é como um espelho, no qual ela vê a vida terrena de Jesus, sua humildade, sua paciência e sua obediência até a morte, o que contrasta grandemente com as vidas dos monges, e eles reconhecem a sua própria incompetência.

Ao mesmo tempo, Cristo os encoraja a segui-lo com persistente vontade de suportar o sofrimento e a desgraça, a alegrar--se no amor de Deus e a desejar o céu. O conteúdo do livro é cada vez inscrito em seu próprio coração, criando uma relação de amor concreto com Cristo, a quem ouve sempre e que lhe aponta o caminho para o dia a dia: "Este fato fez com que as mulheres colocassem em discussão o privilégio dos clérigos de serem os únicos e legítimos depositários da palavra da salvação".[57]

Na obra *Meditações*, em que narra visões místicas, Margarida retrata a si mesma e a todos como fruto do pecado original, havendo a necessidade de cada qual encontrar em seu interior a contemplação do amor de Cristo. Margarida encontrou o amor de Cristo nas Sagradas Escrituras:

> Logo, quando ouvi o versículo em que Davi salmodiou ao Senhor dizendo: "Eu te amo Senhor [...]", meu coração se sentiu aliviado, porque recordou a doce promessa que o Senhor fez aos amigos quando disse: "Eu amo aos que me amam", pois sabia que ele é tão terno, que nunca permite que se destruam os que o amam.[58]

Para a escritora, o caminho da evolução espiritual culmina no encontro com Jesus no coração do crente. Sua obra *Espelho* narra a visão da cena do juízo final, na qual Cristo aparece sentado à direita do Pai com um livro na mão. Ela faz uma simbologia das duas partes do livro: a de fora e a de dentro. A parte de fora representa o homem exterior, ligado às coisas mundanas; a de dentro reflete seu íntimo. Quando o homem exterior se conscientiza e se converte, tornando-se um novo homem, passa a espelhar-se no modelo de Cristo. Também nessa obra Margarida narra uma visão do céu, o qual chama de lugar delicioso:

> Dentro do livro, aparecia um lugar delicioso que era tão grande que todo o mundo não é mais que pequena coisa em comparação.

> Nesse lugar aparecia uma gloriosa luz que se divide em três partes como em três pessoas, não há boca de homem capaz de falar dela [...]. Dali saíam todos os bens possíveis. Dali vinha a verdadeira sabedoria pela qual todas as coisas foram feitas e criadas. Ali era o poder e ante sua vontade todas as coisas se inclinavam. Dali saía tão grande doçura e tão grande consolo que os anjos e as almas estavam tão saciadas que não podiam desejar mais que aquilo. Dali saía um odor que era tão bom que atraía todas as virtudes dos céus. Dali saía um abraço de amor tão grande que todos os amores deste mundo não são mais que grande amargura em comparação com este amor. Dali saía um gozo tão grande que seu coração de homem não podia pensar [...].[59]

Desde sua juventude, Margarida teve várias experiências místicas, as quais ocultou até os 50 anos de idade. Nos seus últimos anos de vida, quando ficou enferma, resolveu contá-las. Para isso, contou com a sua aluna e amiga preferida, Gertrudes, a Grande. Além de mística, ela tinha grande aptidão para a música e chegou a ser maestra do coro do monastério, ficando conhecida pelo apelido de "Rouxinol de Cristo".

Margarida deixou alguns breves escritos espirituais, que, muito além do seu conteúdo, têm um notável valor do ponto de vista histórico e literário, pois são um dos raros testemunhos do dialeto lionês[60] do século 13 e, desse modo, do nascimento da língua francesa.[61]

Margaret Ebner (1291-1351)[62]

Margarida Ebner Donauworth; Margaritta Ebnerim

Figura 23 – Ilustração sobre Margaret Ebner[63]

Ela possuía o alemão mais maravilhoso e o fruto do amor mais perfeitamente pacificador que já li em alemão.[64]

MARGARET NASCEU NA CIDADE de Donauworth, na Suábia, Alemanha. Era oriunda de uma família rica e recebeu uma educação clássica completa. Com 15 anos, entrou para o mosteiro dominicano da segunda ordem, chamado Mosteiro de Maria Mãe de Jesus (Maria-Mendigen), perto de Dillingen, na Baviera.[65]

Enviada para casa por ter contraído uma doença grave entre 1312 e 1322, ela começou a ter visões místicas, nas quais dizia receber a visita do menino Jesus. De volta ao convento, Margaret passou a ser orientada pelo sacerdote Henrique de Nordlingen, seu confessor por toda a vida. Sob essa orientação, escreveu em dialeto suábio[66] um diário espiritual relatando suas experiências místicas, *Revelationes* [Revelações], o que fez com que ficasse conhecida como "mãe mística". Suas visões eram acompanhadas de excitação ou paralisia sensível e motriz, e a experiência espiritual se traduzia por um transporte musical e luminoso manifesto por um balbucio automático e uma língua desconhecida.

A política influenciou a vida de Margaret, pois ela foi uma contemplativa comprometida com a trama da história. Durante oito anos, a Alemanha esteve em guerra pela disputa da coroa. Para ela e outras monjas, a pátria e o imperador ocupavam um lugar especial em suas orações. Elas rogavam com fervor pela volta da paz.

Durante o período do Grande Cisma, quando houve três diferentes aspirantes ao trono papal, as monjas do Mosteiro de Medingen permaneceram leais ao papa de Roma e, por isso, foram forçadas a se dispersarem durante a campanha militar do imperador francês Luís IV.

Margaret passou dois anos com sua família antes de retornar à vida no convento. Sob a direção espiritual de Nordlingen, foi incentivada a escrever e se tornou uma figura central do movimento espiritual alemão "amigos de Deus" e uma das grandes místicas da região do Reno, que contava com mais de 70 mosteiros da ordem dominicana. Ela também manteve correspondência com o líder desse movimento, o notável teólogo e pregador dominicano Johannes Tauler.

Seu diário espiritual, escrito de 1312 até 1342, e que chegou até os nossos dias, revela sua vida humilde, devotada, humanitária e confiante em Deus, mesmo quando era provada por tantas doenças e aflições. A humanidade de Jesus foi objeto constante da sua amorosa contemplação, e o exemplo dele a ensinava os mistérios do exercício da virtude no sofrimento, que era todo aceito e ofertado com Jesus, para Jesus e em Jesus.

Na noite de Pentecostes de 1348, quando entrava no coro para o ofício solene de matinas, a beata teve a impressão de receber uma graça que declarava incapaz de descrever, similar, segundo ela, à recebida pelos apóstolos quando sobre eles pousou o Espírito Santo.

Ela faleceu em 1351 e seus restos mortais estão enterrados em seu antigo convento, em uma capela que foi construída em 1755. Entre os grandes místicos dominicanos do século 14, brilha a suave figura dessa enclausurada que conquistou o apelido de "imitadora fiel da humanidade de Jesus", pois viveu e morreu no amor de Deus, na certeza de estar em comunhão com Cristo, do qual se dizia inseparável.

> Por meio de vidas de contemplação e meditação, as beguinas procuraram seguir a Cristo, suportar o sofrimento e a adversidade, deleitar-se no amor de Deus e ansiar pelo céu. Beatriz de Nazaré se dedicava à imitação de Cristo fervorosamente, pois cria que sem ele não era nada; Margarida de Oingt deixou claro que o amor de Deus transcende todos os sentimentos humanos e explicou que se pode ler a vida de Cristo como um livro e ser impactado por ele; por fim, Margaret Ebner ficou conhecida como mãe mística, em outras

palavras, uma teóloga da espiritualidade, e nos legou o primeiro texto escrito em holandês.

Sabemos que trabalhar o tema da espiritualidade é um desafio para uma vivência do evangelho fiel ao céu e que traz o céu à terra. Uma vivência do amor que seja paixão e compaixão, liberdade e serviço libertador ao mesmo tempo. Mãos à obra?

Figura 24 – Catarina de Siena levitando quando criança[1]

AS MEDIEVAIS ESPIRITUAIS, ÊXTASES, VISÕES E RELATOS: UMA MULHER RICA, UMA ANACORETA E UMA LEIGA ITINERANTE

Figura 25 – Estátua de Juliana de Norwich[2]

> **"**
> Senhor, tu sabes o que desejo.
> Se for a tua vontade, que
> assim seja; e se não for a tua
> vontade, bom Senhor, que eu
> não incorra no teu desagrado,
> porque não quero nada além do
> que cumprir a tua vontade.[3]
> **"**

VISÕES E EXPERIÊNCIAS DAS MÍSTICAS[4]

Figura 26 – Hildegard de Bingen recebendo uma visão[5]

As beguinas tinham tomado lugar no terreno de uma palavra susceptível de exprimir a indizível união com Deus: descrições de êxtases, relatos de visões, expressões de experiência espiritual da nudez da alma. A sua originalidade foi a invenção de uma linguagem total que dá lugar ao corpo.[6]

O TEMA DESTE TÓPICO é controverso, pois relata visões tidas por místicas na enfermidade ou em períodos de contemplação, na comunhão com Deus. O mundo pós-moderno não entende o que isso significa, uma vez que são poucos os que dedicam tempo para orar, ler a Bíblia, refletir e, especialmente, aguardar em silêncio a resposta, ou a salvação do Senhor, como ensina a Bíblia.

As místicas medievais não possuíam uma educação escolástica, mas detinham uma sólida cultura literária, teológica e filosófica — tanto profana quanto religiosa. Portanto, conheciam tanto o amor cortês quanto outras referências clássicas, as Sagradas Escrituras e a filosofia medieval e, principalmente, queriam conhecer melhor a Deus.

A cultura de Hadewijch da Antuérpia é surpreendente. Pois, além do neerlandês, sua língua materna, ela sabia latim e francês. Hadewijch dominava a poesia dos trovadores, com seu ritmo, métrica, ligações entre os versos e figuras do estilo: "[Hadewijch] representa um caso único na história da literatura neerlandesa pela magnificência de sua obra, em particular, pela maestria com que soube exprimir-se em sua língua, o neerlandês vulgar do século 13".[7]

Em relação às visões das místicas, os relatos escritos ressaltam a consciência viva dos momentos de elevação. A própria Hadewijch declarou:

> As visões que tive não foram em sonhos, nem dormindo, ou em momentos de delírios, ou pelos olhos do corpo, ou pelos ouvidos do corpo, ou em lugares ocultos; recebi-as, pois, estando acordada e com a mente clara, com olhos e ouvidos do homem interior, em lugares abertos, conforme a vontade de Deus.[8]
>
> Mas ainda quando confesso que parecem maravilhas, estou certa de que não te assombrarás, sabendo que a linguagem celeste supera a compreensão da linguagem terrena. Para o que é terreno se encontram palavras e se pode dizer em neerlandês, mas aqui não me serve o neerlandês nem as palavras. Apesar de eu

conhecer a língua o mais fundo que se pode, não me serve para o que acabo de mencionar e não conheço meio de expressá-la.[9]

Já Matilde de Magdeburgo afirmou: "quando comecei a escrever meu livro e me chegou à alma uma só palavra de Deus, eu era um dos seres mais ignorantes que se podia encontrar na vida espiritual [...]. Ignorava a falsidade da gente da igreja. [...] Tenho que falar para honrar a Deus. E pelo ensinamento do livro".[10]

Aos 37 anos de idade, a italiana rica Ângela de Foligno perdeu os pais, o esposo e todos os filhos em um curto espaço de tempo; apenas após todas essas perdas e sofrimentos suas experiências místicas começaram. A medieval leiga e itinerante Margery Kempe, que explodia em gritos e choros, considerados epilepsia, e que ficava presa por conta de visões que eram consideradas delírios ou possessão demoníaca, afirmou ter recebido a visita de Jesus:

> Em forma de homem, o mais belo e formoso e amável que jamais se tinha visto; levava uma túnica e se sentou ao lado de minha cama, e me olhando com uma expressão tão bendita me disse as palavras: "filha, por que tens me abandonado se eu nunca abandonei a ti." E, tão logo disse essas palavras, vi o céu abrir-se como um relâmpago: e ele subiu ao céu, não com pressa, senão lenta e graciosamente, para que eu pudesse vê-lo no céu até que se fechasse novamente.[11]

Hildegard de Bingen, que se percebeu como portadora de um conhecimento, de uma verdade que ela não havia produzido, declarou: "As palavras que escuto são como uma chama ardente, assemelhando a nuvens que se movem no ar. E no mesmo céu vejo o brilho, mas não frequentemente, de outra luz, que chamo luz vivente, que não sou capaz de explicar, nem como e nem quando [...]".[12]

Essas narrativas podem suscitar a descrença, mas é lindo pensar no que essas mulheres vivenciaram ao receber visões tão especiais por terem dedicado tempo de qualidade na comunhão com Deus. Algumas dessas visões da Idade Medieval ocorreram após períodos de "quase morte" ou mesmo morte, sendo a prática comum relatar tudo o que fora visto. Não é impossível receber essas visões quando se dedica à meditação.

Catarina de Bolonha, escritora e poetisa mística do renascimento italiano, escreveu no livro *As sete armas espirituais* algumas regras para uma pedagogia espiritual. Ela descreve o que o cristão deve usar para combater o mal no mundo e ser uma pessoa espiritual:

1. procurar solicitamente cumprir o bem;
2. acreditar que, sozinhos, não poderemos jamais fazer algo verdadeiramente bom;
3. confiar em Deus e, por amor a ele, nunca temer a batalha contra o mal, tanto fora como dentro de nós mesmos;
4. meditar muitas vezes sobre os fatos e as palavras da vida de Jesus, sobretudo a sua paixão e morte;
5. recordar-nos de que temos de morrer;
6. manter viva na mente a lembrança dos bens do Paraíso;
7. ter familiaridade com a Sagrada Escritura, trazendo-a sempre no coração, para que oriente todos os nossos pensamentos e ações.[13]

Outra manifestação relatada no período foi a levitação. Ela fazia parte do estado de êxtase autêntico, quando a pessoa perdia seus sentidos externos, mas não a consciência; pelo contrário, seu estado era de superconcentração na comunicação com Deus. Não havia esquecimento do que ocorrera, pois isso configuraria um êxtase não autêntico. As características desse estado eram:

> [uma] imobilidade quase absoluta, o enfraquecimento ou perda total da sensibilidade, a diminuição das funções vegetativas (respiração e circulação, por exemplo), a expressão de profunda felicidade (chamada de fisionomia extática), um sentimento de bem-estar ou, mais raramente, de dor que pode levar, em

alguns casos, ao arrebatamento ou à levitação, mas em nenhum momento a pessoa perde a memória.[14]

Catarina de Siena teve uma vida sensorial exacerbada que deu ao seu corpo poderes singulares: "Muitas vezes o seu corpo erguia-se da terra com o seu espírito, tornando perceptível a grandeza da virtude que o atraía."[15] Sua mãe testificou que quando ela subia escadas sempre levitava, e a progenitora se angustiava com a rapidez com a qual Catarina subia ou descia as escadas.

Esse fato foi contado pela mãe de Catarina de Siena ao biógrafo da filha, Raimundo de Cápua, que escreveu sobre essa linguagem do corpo e a descreveu como um organismo esvaziado, esgotado e, depois, decuplado (multiplicado por dez). Catarina possuía uma conexão tão forte com Cristo que o considerava seu noivo. Ela passou a sentir em seu corpo as dores dele. E, quando orava, chegava a levitar. Seu biógrafo, que também era místico, baseando-se no relato acerca do espinho na carne do apóstolo Paulo (2Co 12.7), declarou:

> Quando a alma é transportada para longínquos céus e desfruta de visões inteiramente intelectuais, torna-se independente do corpo e, no seu desejo de se tornar uma só coisa com o que contempla — isto é, com Deus — anseia da mesma maneira libertar-se completamente do corpo. Se Deus, de maneira milagrosa, não mantivesse a vida no corpo, este se desintegraria e desapareceria. Quando a alma regressa às esferas inferiores, parece como que humilhada por seu conhecimento da divina perfeição e da sua própria imperfeição [...].[16]

Margarida de Oingt conta em uma carta que "uma noite foi arrebatada em 'Nosso Senhor', a tal ponto que lhe pareceu que via todas estas coisas", as quais foram ditadas depois.[17] A transposição da visão para a escrita é perturbadora e difícil de expressar; Margarida não possuía dons de linguagem que outras possuíam e lhes permitiram escrever o que lhes acontecia. Então, ela guardou silêncio sobre algumas visões.

Outra manifestação espiritual é o autêntico êxtase místico:

> O êxtase místico não é um fenômeno necessário nem mesmo nos graus elevados de santidade. O extraordinário fica sendo sempre uma exceção. Como quer que seja, quando Deus permite o êxtase, permite a exteriorização do profundo amor da criatura ao Senhor. Este se revela mais nitidamente à pessoa final, permitindo que ela se deixe absorver de maneira mais radical pela contemplação da santidade e da perfeição divinas. Como se compreende, não se trata da visão de Deus face a face (reservada para o céu).[18]

O que o êxtase proporciona é um olhar mais penetrante da mente sobre o infinito de Deus. Quem é agraciado com tal olhar não consegue descrever com precisão o que viu, pois a linguagem humana é inadequada para relatar a experiência com Deus mais aprofundada, como relatado a respeito por algumas medievais espirituais.

Na Bíblia, o apóstolo Paulo, por exemplo, afirma que foi elevado misticamente até o terceiro céu (2Co 12.2-4) e se refere aos traços característicos desse enlevo: aparente separação de corpo e alma, arrebatamento ao Paraíso, palavras indizíveis. Em outro trecho, o apóstolo ressalta, contudo, que só na outra vida o homem poderá desfrutar daquilo que os olhos jamais viram e os ouvidos jamais ouviram (1Co 2.9).

O êxtase pode ter duração variada e não é provocado. Resumindo, é uma graça especial que não caracteriza necessariamente a santidade, pois esta é definida pelo ardente amor a Deus, que leva à contemplação e à experiência com o Senhor sem que seja necessária a manifestação corporal.

Tais manifestações continuaram ocorrendo ao longo da história cristã. Em 1724, na época do avivamento, relata-se que Sara, esposa de Jonathan Edwards, foi vista levitando pelo marido, e ela declarou que aquela foi a noite mais doce de sua vida. Sara dedicava-se às coisas de Deus desde criança e investia muito tempo em oração, a ponto de sacrificar sua saúde física. Eis sua descrição daquela noite, quando sua mente e alma foram poderosamente atraídas a Cristo e aos céus:

> Eu me senti mais perfeitamente conquistada, e mais afastada do mundo, e mais plenamente submissa a Deus do que jamais tinha sentido antes. Senti uma total indiferença às opiniões, representações e condutas da humanidade com respeito a mim. [...] Eu estava inteiramente absorvida em Deus, como a minha única porção, e sua honra e glória eram o objeto do meu supremo desejo e prazer. Ao mesmo tempo, senti muito mais amor pelos filhos de Deus do que jamais tinha sentido antes.[19]

Considerada pioneira dos batistas no Brasil, Stela Câmara Dubois (1905—1993) declarou: "É tudo verdade o que a Bíblia diz sobre o céu." Ela teve uma visão quando foi declarada morta, depois de sofrer um ataque cardíaco. Ao voltar à vida, escreveu uma poesia na qual declara:

> O Deus dos remidos pelo sangue de Jesus Cristo,
>   o Deus único e Verdadeiro, Criador dos céus e da terra.
> O céu depois da morte!
>
> Glorificado seja o nome do Senhor,
>   pelos séculos dos séculos,
>   anos contados aqui na terra;
> E por toda a eternidade,
>   onde os anos não se contam mais.
>
> Faze-me chegar ao Teu rio, Senhor!
> Pois tudo é Verdade![20]

Algumas medievais que experimentaram essas manifestações e receberam visões na contemplação divina são relacionadas a seguir.

ÂNGELA DE FOLIGNO (1248-1399)[21]

Figura 27 – Ângela de Foligno[22]

> [...] desnuda[23] fui à cruz, isto é, perdoando todos os que me haviam ofendido, me despojando de todas as coisas terrenas, de todo homem e mulher, amigos e parentes e de todos os demais, de minhas posses e de mim mesma [...]. [24]

ÂNGELA NASCEU EM FOLIGNO, no Vale Espoleto, na Úmbria, próximo à Assis, Itália. Pertencia à uma família rica e se casou com um nobre aos 20 anos de idade. Ela teve vários filhos e levava uma vida confortável, voltada para as vaidades, festas e diversões. Assim viveu até aos 37 anos, quando, em um curto espaço de tempo, perdeu os pais, o esposo e todos os filhos. Foi por meio desse sofrimento que começaram suas experiências místicas.

Em um primeiro momento, foi orientada a fazer uma peregrinação à Assis, o que ocorreu seis anos depois, em 1291. Quando visitava a Basílica de São Francisco, passou por um evento curioso. Durante o trajeto de ida, a beata tinha experimentado uma doçura espiritual muito intensa que a abandonou quando ela entrou na catedral. Sentindo-se abandonada por Deus, a penitente começou a gritar e a chorar descontroladamente, atraindo a atenção das pessoas presentes no santuário que, obviamente, julgaram que Ângela estava fora de si:

> Ela teve sua primeira visão mística, acompanhada de uma forte crise de histeria (gritos) e dores físicas, o que foi motivo de escândalo para os presentes e de curiosidade por parte do padre local, de nome Arnaldo, que a procurou depois para conversar sobre o ocorrido, passando a ser seu confessor e o redator de suas visões.[25]

Sua experiência espiritual a levou a um estado de enlevo e de alteração da consciência. A partir disso, suas experiências se tornaram a base para a redação de narrativas místicas que visavam fornecer instrução e conselho a outros praticantes.

A conversão de Ângela ocorreu quando, a exemplo de Pedro Valdo e Francisco de Assis, deixou a vida mundana e doou todos os seus bens aos pobres. Ela ingressou na Ordem das Damas Pobres de Santa Clara de Assis. Muito mais do que uma transformação, aquele episódio foi o começo de uma elevada vida interior, durante a qual passou por um processo de crescimento e mudanças espirituais, com a finalidade de conhecer a Deus e a si mesma.

A primeira motivação da elaboração de sua obra *Memoriale* foi o desejo de expor as razões do evento ocorrido em público, que poderia comprometer a credibilidade da sua devoção; a segunda motivação é igualmente historiográfica: uma vez que viviam na época da Inquisição, o frade Arnaldo acreditava que o modo de vida de Ângela e a sua doutrina espiritual deveriam demonstrar fidelidade à Igreja romana, o que o levou a confeccionar sua obra que provaria que a vida e os ensinamentos de sua conterrânea eram compatíveis com a fé oficial da Sé Apostólica.

> No caso do *Livro* de Ângela, o aspecto biográfico alcança maior amplitude epistemológica pelo fato de se apresentar como uma "autobiografia", isto é, uma releitura consciente daquilo que a narradora reputava mais importante em sua trajetória biológica e espiritual. [...] As autobiografias femininas, ao contrário de textos biográficos masculinos, não recorriam à autoridade da Bíblia ou da Patrística para referendar o conteúdo; ao contrário, as mulheres narradoras apelavam antes para a sua própria experiência religiosa e, principalmente, para o seu respectivo desejo de dar-se a conhecer, como o caso de Ângela de Foligno o comprova.[26]

No seu livro, caracterizado como uma autobiografia feminina e, sobretudo, mística, ela não pôde ser tão sumária, pois o *Memoriale* [Memorial] escapa de ser interpretado por seu compromisso com a veracidade e com a sequência cronológica que corresponde à sequência das experiências místicas.

Ângela teve diversas visões místicas que, segundo seu confessor, foram publicadas em sua totalidade. Ela lhe ditava na língua úmbria, dialeto de sua região, e o frade Arnaldo vertia para o latim.

Ela começou a escrever de forma ligeira e negligente, quase como uns apontamentos que lhe ajudariam depois a recordar, [...] em uma pequenina tábua, já que pensava escrever pouco. Sem embargo, pouco tempo depois de que começamos o ditado lhe foi revelado pelo fiel de Cristo que eu [o frade Arnaldo] tinha de escrever o que me dizia, não em pequenina tábua, senão em um grande caderno.[27]

Memoriale descreve a evolução espiritual da autora em trinta passos ou degraus. Na primeira parte, com dezenove passos, é narrada a primeira etapa de sua conversão. Assim como outras místicas, Ângela teve uma experiência de morte, o que despertou sua consciência para a condição de pecado e para a necessidade interior de se confessar.

A segunda parte da obra relata outras visões de Ângela, que se deram com o encontro ou a contemplação de Cristo e que também eram marcadas por fortes experiências de gritos e de extrema alegria. Ela também produziu cartas e sermões. Como mestra, seus escritos foram reunidos em dois volumes intitulados *Instruções* e *Trânsito*. Esses volumes foram escritos por outros redatores, com estilo literário diferente, pois o frade Arnaldo faleceu em 1300, sendo que alguns textos foram redigidos após a morte da própria Ângela.

Ela entristecia-se de que seu escritor não entendesse o que falava, sua interioridade ou seu significado místico. Ela lhe chamava a atenção, pois:

[...] A mística vivida [...] procura uma linguagem mística que lhe corresponda, donde os escritos místicos vão apelar para uma forma de narração que perscrute mais o interior do que o exterior, em outras palavras, mais o mundo dos sentimentos do que o mundo dos eventos. Daí que ela podia dizer: "anotaste aquilo que tem menos valor, o que não vale nada, e deixaste de fora aquilo que a alma sente de mais precioso".[28]

Uma vez, ao ler o que o frade havia transcrito a partir de sua fala para acrescentar alguma informação, Ângela lhe disse que ficou admirada, pois não se reconhecia naquilo que ele escrevera. O frade narra que, "numa outra ocasião, quando eu relia para ela a fim de que me dissesse se estava bem escrito, respondeu-me que eu me expressava de modo árido e sem sabor algum; e espantava-se com isso".[29]

É fato que homens e mulheres escrevem de formas diversas e raciocinam diferentemente também. As mulheres narram mais detalhes, que para alguns homens são desnecessários. Porém, nisto está a beleza da diversidade da criação divina, que fez um e outro com dons e talentos desiguais e, ao juntá-los, produziu harmonia e comunhão.

As escritoras baseavam-se em sua experiência religiosa e em seu desejo de dar-se a conhecer, o que é observado nas obras de Ângela.

Esses dados elevaram a escrita feminina e a tornaram expressiva para essas autoras. Com a colaboração de monges, frades e eruditos, que ouviam e transcreviam suas experiências, tais relatos foram registrados e publicados, e a época se tornou espiritualmente mais rica.

Ângela faleceu na mesma cidade onde nasceu e, em vida, foi considerada mestra, possuindo inúmeros discípulos, os quais se impressionavam com sua experiência interior. Ela foi bastante admirada por sua demonstração de sabedoria.

JULIANA DE NORWICH (1342-1421)[30]

Figura 28 – Juliana de Norwich isolada em sua cela[31]

Deus, por tua bondade, dá-me de ti,
Porque apenas tu me sacias.
Que eu não almeje nada que seja menos do que
adorar-te.
Mas, se por acaso o desejar,
Que minha ânsia seja vã
Porque, só em ti tenho tudo.[32]

COM SUA POESIA, JULIANA ressalta a fugacidade de todas as coisas e destaca que só é possível experimentar a genuína serenidade quando a procura por descanso nas coisas efêmeras — nas quais não há paz — é abandonada. Afinal, o verdadeiro repouso está apenas em Deus.

Juliana nasceu em Norwich, na Inglaterra, e foi uma anacoreta beneditina reconhecida como uma das principais místicas inglesas. Pouco se sabe sobre sua vida antecedente ao período em que se tornou uma eremita reclusa em um anexo na parte leste do cemitério da Igreja de Santa Juliana.

Na época, muitas pessoas viviam como eremitas, a fim de desenvolver uma espiritualidade não monástica. A comunicação de Juliana com o exterior se dava através de uma janela, por onde recebia comida e pessoas a visitavam, tanto para apenas conhecê-la como para buscar orientação espiritual.

Aos 30 anos, ficou gravemente doente e, por três dias e três noites, ficou entre a vida e a morte. Acreditando que ela estava prestes a morrer, suas companheiras chamaram um sacerdote para ministrar a extrema-unção. Enquanto ele balançava o crucifixo ao seu redor, ela teve quinze visões sobre o sofrimento de Cristo. Após a última visão, a doença milagrosamente desapareceu.

Depois de recuperar da doença, Juliana escreveu um primeiro e breve relato da sua visão, obra que foi considerada um texto curto. Vinte anos depois, escreveu uma segunda versão, mais extensa, para dar uma interpretação teológica às suas visões, o que ficou conhecido como seu texto longo. Esses dois escritos foram posteriormente reunidos em uma obra maior, chamada *Revelações do amor divino*, que é considerada o primeiro livro em língua inglesa escrito por uma mulher. Nele, além dos relatos de suas visões, Juliana escreveu um tratado sobre o amor de Deus, discorrendo sobre a encarnação, a redenção, a consolação e outros aspectos da vida espiritual:

O Criador deseja que nós, ainda que mergulhados na dor e na tristeza, nos agarremos à paz com todas as nossas forças porque, em última instância, a nossa alegria é eterna, porém a nossa dor é passageira e irá evaporar na mera insignificância para aqueles que serão salvos. Portanto, não é a vontade de Deus que cultivemos o sofrimento e a dor quando visitados pela tristeza, ou que nos entreguemos a lamentações, e sim que os superemos rapidamente e nos conservemos imersos na infinita alegria, que é o próprio Deus.[33]

É bem provável que seu livro tenha tido como diretor espiritual o beneditino Adam Easton, cardeal da Inglaterra. Tendo vivido na época da peste negra, Juliana conseguiu conciliar na escrita a bondade divina ao imenso sofrimento do mundo. Contudo, sempre afirmava que em Cristo todo sofrimento se transforma em alegria e que o fim de todas as coisas é bom.

Embora Juliana, a exemplo de muitas místicas medievais, não se apresente como mestra, mas como uma simples analfabeta, porque o que dizia vinha daquele que lhe revelara, a espiritualidade que vivenciou a transformou em uma conselheira e uma autêntica mestra. Sendo, inclusive, conselheira de Margery Kempe, com quem manteve diálogos e a quem orientou. "Deus me proíbe que diga que sou uma mestra, pois não é assim, nem nunca foi essa minha intenção; pois sou uma mulher ignorante, débil e frágil. De forma que o que estou dizendo o tenho recebido por revelação daquele que é o mestre soberano".[34]

Longe de ser uma mulher inculta, ela demonstra em seu texto um profundo conhecimento das fontes patrísticas bíblicas e medievais, um uso ágil e fluido de retórica, e uma capacidade extraordinária de argumentação teológica expressa com grande audácia.

Aliás, audácia é a palavra-chave para descrever essas místicas, ou teólogas, medievais, pois não temiam confrontar superiores eclesiásticos e até mesmo governadores e imperadores. Autorizadas pela Palavra de Deus e convictas de que ele é o Soberano, Senhor dos senhores e Rei dos reis, não se calavam, não cessavam de escrever nem de exortar e aconselhar aqueles que vinham até elas.

Juliana é reconhecida dentre as mais importantes escritoras da Inglaterra, atraindo estudiosos de toda Europa. O livro *Revelações do amor divino* foi composto em inglês médio entre 1373 e 1395. Baseado em sua experiência pessoal e escrito em língua vernacular, é uma obra singular e importante para o ensino e a revelação da graça sem par de Deus.

O texto surpreende por seu amplo diálogo teológico, pela utilização de metáforas para se referir a Jesus e pela profundidade com que a autora lida com os temas. Reconhecida na literatura inglesa da Idade Média, ela é considerada uma pioneira ao lado de Margery Kempe, a próxima sobre a qual falaremos.

Na sua oitava revelação, Juliana contemplou um fragmento da Paixão: viu o corpo ressecado de Cristo, sentiu o vento cortante, viu sua carne fenecer e a força vital de seu corpo esvair-se. Mesmo enxergando todo aquele sofrimento, ela não desviou seus olhos da cruz até ouvir: "Olhe para o céu, para o Pai." Ao que ela respondeu: "Não, não vou desviar o olhar da cruz, porque tu és o meu céu".[35]

Juliana escolheu Cristo como seu céu e, mesmo contemplando Jesus sofrendo, não almejava outro céu senão ele, que era sua eterna felicidade. Ela afirmava que Deus nos criou em amor e que esse amor nos protege de todos os ferimentos, não permitindo que a nossa felicidade seja perdida. Portanto, quando o último dia chegar e formos todos tirados deste mundo, veremos claramente em Deus todos os segredos que nos são agora ocultos. Que possamos dizer, como ela: "Senhor, louvado sejas tu! Porque tudo é como deve ser, e tudo está muito bem. E agora nós vemos, verdadeiramente, que tudo é feito como tu designaste desde antes que qualquer coisa fosse criada".[36]

Admirada por anglicanos e luteranos, Juliana nunca foi canonizada ou beatificada pela Igreja Católica, mesmo sendo considerada uma das maiores místicas da língua inglesa e uma teóloga no sentido antigo da palavra. Talvez isso tenha ocorrido porque, em seus escritos, Juliana não fala de hóstias, santos, igreja ou sacerdotes, mas somente de Jesus Cristo. Ela possuía uma doutrina coerente e sistematicamente construída, mas só recentemente tem sido estudada como merece.

Juliana faleceu em 1416 e, após sua morte, sua obra continuou influenciando eruditos ao longo dos séculos.

MARGERY KEMPE (1373-1438)[37]

Margarida Kempe; Marjery Brunham

Figura 29 – Margery Kempe chorando, representada por Maria[38]

> Margery, que se subtrai a qualquer autoridade, reivindica a palavra. Ela não quer nem pregar nem ensinar, mas falar de Deus: "O evangelho dá-me o direito de falar de Deus".[39]

MARGERY FOI UMA MÍSTICA leiga que afirmava dizer palavras que lhe eram ordenadas, não palavras terrenas. Ela nasceu em King's Lynn, em Norfolk, na Inglaterra, em uma família da classe média. John Brunham, seu pai, era comerciante de lãs em Lynn e foi cinco vezes prefeito da cidade, tendo sido membro do parlamento inglês.

Nascida Margery Brunham, ela se casou aos 20 anos com o mercador John Kempe e desfrutava de uma boa vida de posses materiais. Mas, depois de muitos fracassos como negociante, sentiu-se chamada à vida espiritual. Durante sua última gravidez, ficou gravemente doente e teve muitos delírios. Algumas pessoas pensaram que ela estava possuída por um demônio; Margery foi considerada uma ameaça à sociedade e passou seis meses acorrentada e isolada num cômodo.

> Então ela teve três anos de grande dificuldade com tentações, que suportou o mais humildemente que pôde, agradecendo a nosso Senhor por todas as suas dádivas, ficando alegre quando era reprovada, desprezada e ridicularizada pelo amor de nosso Senhor e muito mais alegre do que estava antes entre as dignidades deste mundo. [...] E essa criatura teve contrição e grande compunção, com muitas lágrimas e muitos soluços sonoros e violentos, por seus pecados e sua maldade para com seu criador. Ela refletiu sobre sua maldade desde sua infância, quando nosso Senhor colocou isso em seu pensamento muitas vezes. [40]

Aos 40 anos, Margery já tinha 14 filhos. Convencendo seu esposo a tomar os votos de castidade, iniciou uma vida de peregrinações e conheceu religiosos famosos, como Juliana de Norwich.[41]

Sua viagem à Terra Santa foi feita de choros: soluçando, a Paixão foi reatualizada em sua mente. Ela caía por terra, agitando-se como se seu coração fosse rebentar. Foi em Jerusalém que começou sua prática espiritual de lágrimas e gritos. Ela gritava uma vez por semana, depois todos os dias e, por vezes, até quatorze vezes ao dia, conforme as visitas divinas.

Ela é considerada epilética, atormentada, histérica e se esforça para reprimir o grito, contudo, esse grito é o sinal de uma contemplação elevada e sua linguagem convulsionária é suscitada na visita aos lugares da Paixão, ou pela recordação que é revivida simplesmente ao contemplar um crucifixo: "Ora, esta sintaxe dos urros, dos gritos e dos soluços é querida por Deus, e Margery não tem o poder nem de os provocar nem os de o interromper".[42]

A seu respeito, dizia-se que "seu soluço era poderosamente eficaz e que seu choro atormentava o Diabo, arrancando-lhe muitas almas".[43] Margery chorava pelos próprios pecados, pelas almas no purgatório,[44] pelos pobres, pelos judeus, sarracenos e heréticos. Acerca dessas manifestações, ela interrogou a Cristo: "Por que me queres tu dar gritos que fazem com que as pessoas se interroguem sobre o que me acontece?".[45] Ao que, segundo ela, Cristo respondeu:

> Eu envio chuvas pesadas e aguaceiros violentos, outras vezes pequenas bátegas.[46] É assim que eu procedo contigo quando me apetece falar na tua alma. Como prova do meu amor por ti, dou-te por vezes choros ligeiros e doces lágrimas; ou então, como prova do desejo que eu tenho de te ver compreender a dor de minha mãe, dou-te grandes gritos e uivos, de modo que a graça de que te doto assuste as pessoas e lhes inspire mais compaixão perante tudo o que ela sofreu por mim.[47]

Quando Margery não podia interpretar as revelações, mergulhava em melancolia e não cessava de soluçar. Certa feita, chorou tanto que o padre que lhe emprestou as penas para que escrevesse, molhou suas roupas e paramentos: "Esta empatia profunda permitiu-lhe acreditar no que Margery lhe dita, o melhor testemunho para assegurar que a crença deve doravante passar por uma linguagem que transcende a palavra".[48]

Margery era uma figura controversa porque sua devoção se expressava em pranto e gritos, o que deixava congregações, sacerdotes e peregrinos divididos e os transformava em amigos ou inimigos, e ela até corria o risco de ser queimada na fogueira como herética. Sua resposta diante das acusações de ser lolarda[49] e de doutrinar mulheres a abandonarem seus esposos foi: "Eu não prego, senhor; eu não subo a um púlpito. Eu só uso a conversação e boas palavras, e o farei enquanto viver."[50] Ao que lhe responderam que deixasse aquela vida e fosse desfiar, enrolar e fiar lã como faziam as outras mulheres, para não sofrer tanta vergonha e desgraça.

O arcebispo de York, líder espiritual de uma das maiores cidades da Inglaterra, foi um dos inquisidores de Margery. Quando ela foi presa e levada perante ele, o arcebispo a questionou severamente acerca de suas lágrimas. Ele logo se convenceu da ortodoxia de Margery, mas ainda estava preocupado com os rumores que ouvia.

> Ao final, o arcebispo simplesmente diz a ela para deixar a cidade o mais rápido possível. Quando Margery é presa novamente logo depois, ela é mais uma vez levada perante o arcebispo. Desta vez, o arcebispo parece mais irritado com os acusadores de Margarida e se recusa a prendê-la, apesar dos protestos dos homens do duque de Bedford. O arcebispo aprecia a sabedoria caseira de Margery — ele claramente se diverte com certas histórias terrenas que Margery conta, embora as histórias sejam críticas aos padres. O arcebispo parece gostar de Margery quanto mais a vê, mas como um administrador ocupado, ele fica feliz em ver a mulher problemática partir.[51]

Em Norfolk, condado do qual fazia parte Lynn, William Salter foi martirizado em março de 1401, condenado por heresia. Ele foi um padre católico romano inglês que terminou sua vida como mártir lolardo, pois, como seguidor das doutrinas de John Wycliffe, pregava a rejeição dos santos e do sacramento da eucaristia.

A cidade natal de Margery era o ponto de chegada e partida de suas viagens. Lá, algo singular aconteceu quando seus gritos e choros se manifestaram:

> Margery espera ouvir o frade pregar, mas ele não está acostumado a ser interrompido por lamentos altos durante seus sermões. As outras figuras religiosas de Lynn tentam fazer com que ele aceite as excentricidades de Margery, mas ele não consegue. Ele bane Margery de sua igreja e provoca uma reação contra ela em Lynn, inspirando muitos que não gostam de seu comportamento a falar contra ela.[52]

Após ser expulsa, desejava se confessar e, em Roma, na cidade de São João de Latrão, entrou em uma igreja, onde se ajoelhou. Ela estava preocupada porque não conseguia encontrar um confessor que soubesse inglês, mas notou que o padre oficiante era um homem bom e devoto. Enquanto o escutava, um sentimento de certeza a dominou. Ele era a pessoa certa, e ela estava ansiosa para falar com ele.

Margery e as línguas estrangeiras

O sermão convenceu Margery de que era desejo de Deus que esse homem a ouvisse e a ajudasse. Seu comportamento era muito empático, ela só precisava dirigir-se à abençoada Trindade, e ele atenderia ao seu pedido.

Após o serviço, um amigo prestativo informou ao padre que uma mulher notável desejava falar com ele. Embora o pároco fosse um bom homem alemão, um excelente erudito, bem-educado, muito querido e de confiança em Roma, era totalmente ignorante em inglês e, portanto, necessitava de intérprete.

O padre clamou a Deus e Margery também pediu ao Senhor que o sacerdote compreendesse sua língua e o que ela desejava dizer-lhe. Quando se encontraram novamente, "[...] ele compreendia o que ela dizia em inglês e ela compreendia o que ele dizia. Contudo, ele não compreendia o inglês que outros falavam, mesmo se empregassem as mesmas palavras: era preciso que fosse ela a pronunciá-las".[53]

No entanto, ela foi acusada de ter se confessado a um clérigo que não entendia a sua língua e que, portanto, não poderia ter recebido a confissão. Logo é comprovado que a confissão era válida, pois, quando estavam à mesa para a refeição, o padre inglês, que estava em Roma para ver Margery, conversa com ela em sua própria língua. O clérigo alemão fica silencioso, pois só compreende quando falam em latim. Então, Margery se dirige ao clérigo em inglês, citando uma passagem da Escritura:

> Os outros perguntaram ao seu confessor se ele havia compreendido o que ela tinha dito; e ele repetiu-o imediatamente, palavra por palavra, mas em latim, visto que não podia falar inglês e o compreendia apenas na boca daquela criatura, e nunca vindo de outra pessoa. Maravilhados, tiveram que se inclinar à evidência.[54]

Uma estranha espiritualidade chocava os homens da Igreja, pois as palavras não eram mais suficientes para a comunicação com Deus, tornava-se necessária outra linguagem, outras formas, outra devoção. As mulheres místicas queriam a todo custo fazer-se compreender: se a escolha linguística popular na escrita facilitava o entendimento, não seria um dom de Deus a fala quando havia fronteiras que impediam a comunicação?

Em sua peregrinação, Margery visitou Juliana de Norwich, em busca de aconselhamento. O encontro das duas é narrado por Margery em seu livro:

> E então nosso Senhor ordenou que ela fosse ao encontro de uma anacoreta na mesma cidade que era chamada dama Juliana. E assim ela fez e contou para ela sobre a graça que Deus colocou em sua alma, compunção, contrição, doçura e devoção com santa meditação e alta contemplação e muitas conversas e discursos santos que o

Senhor falara a sua alma, e muitas revelações maravilhosas, que ela descreveu à anacoreta para descobrir se havia algo errado nelas, pois ela era experiente em tais coisas e poderia dar um bom conselho.[55]

Apesar do constrangimento que suas manifestações causavam, essas situações não a impediram de ser considerada uma das maiores vozes místicas cristãs inglesas. Em seu livro, Margery excluiu quase tudo que não fosse espiritualmente significante, e é perceptível a demonstração de um conhecimento das Escrituras que denota certo grau de instrução, contradizendo as afirmativas de que era "iletrada".[56]

Ela recebia acolhimento dos homens a quem confiava os segredos da sua alma por sua excelência; contudo, era por vezes testada. Abandonando então a linguagem do excesso, ela respondia questões difíceis e os clérigos a admiravam sem reservas por responder tão depressa e irracionalmente. O arcebispo de Cantuária a escutou até o cair da noite porque sua conversa testemunhava um tal amor a Deus que, aqueles que a ouviam, choravam intensamente.

Uma dificuldade frequente na época era a luta feminina em combater seu sentimento de inaptidão. Isso pode ser observado por um longo período, particularmente no final da Idade Média, no meio laico, no qual o acesso à formação letrada parecia facilitada. A discriminação sofrida por Margery era fruto de uma forte tradição. Na Idade Medieval, as mulheres espirituais costumavam dizer: *Quid igitur indocta, rudis, inexpertaque puella faciam*, que se traduz "O que farei eu, uma jovenzinha ignorante, rude e inexperiente?". Em nossos dias, muitas afirmam: "sempre foi assim"; "tentar mudar não vai dar certo"; "uma andorinha só não faz verão"; "sozinha nada posso fazer", entre outros. Contudo, histórias como a de Margery mostram que, com Deus pelejando por nós, tudo é possível.

Pode-se presumir que tanto Juliana de Norwich quanto Margery Kempe tinham plena consciência dos limites impostos às mulheres que ousassem narrar suas experiências pessoais, mesmo que fossem experiências religiosas. Assim, ao se apresentarem como "iletradas", burlavam uma possível censura e deixavam uma marca de originalidade em seus textos.

> Certas fórmulas, é verdade, parecem acusar uma falta de saber, mas é para melhor sublinhar este privilégio de mulher "iletrada" aceder ao percurso espiritual mais fulgurante. O espanto dos contemporâneos foi grande ao verem estas mulheres manifestarem-se no terreno teológico e abarcarem a amplitude das questões religiosas. A sua busca de Deus — pelo menos é o que Lamprecht de Ratisbona exprimiu — parecia específica, diferente daquela de que um homem teria sido capaz. [...] Em todo o caso, no seio do mosteiro e fora dele, estas mulheres encorajaram a palavra da pregação, reteremos como provas, entre outras, as grandes manifestações de afetividade de Margery Kempe.[57]

Místicas e monjas apelaram às línguas vulgares, como o alemão, o francês, o flamengo e o italiano, porque lhes permitiam uma comunicação e uma difusão mais ampla. Apesar disso, a reivindicação de um relacionamento sem mediadores com o Espírito que concede seu sopro à criatura humana maculou com suspeitas algumas dessas mulheres, especialmente as beguinas.

Confirma-se, porém, que, mesmo incentivando as narrativas de experiências espirituais pessoais, a Igreja vigiava o que era escrito e considerava se seriam realmente simples relatos de experiências femininas ou narrativas que adquiririam forma literária, por utilizar uma linguagem erudita e elaborada.

Essa tomada de lugar no espaço público, expressamente proibida pela Igreja, fez com que essas escritoras espirituais se expusessem até mesmo às zombarias de outras mulheres (e quando a discriminação parte das próprias mulheres, ela é mais cruel e menos racional). Contudo, as espirituais medievais suportaram tudo, até mesmo as palavras ditas por clérigos que consideravam que seus talentos provinham de uma natureza masculina.

Como dito anteriormente, Margery se tornou uma grande personalidade mística: seu conjunto de manifestações era singular — incluía sonho de revelação, sono de arrebatamento, palavra profética, risos e choros — e causava espanto, consternação e empatia. Para alguns, esses eram realmente sinais de que Margery estava expressando o Espírito Santo.

Os manuscritos de seu livro são considerados os mais antigos em língua inglesa, mas ficaram perdidos por séculos, sendo redescobertos somente em 1934, por Emily Allen, em Lancashire, Inglaterra. Só então a voz feminina de uma inglesa medieval, com caráter inesquecível, coragem inegável e experiências singulares com Deus foi descoberta.

Margery faleceu em 1438, oito anos após a conclusão de sua autobiografia.

Nesse período, há histórias dignas de serem estudadas. Encontramos mulheres que buscavam afirmar a voz feminina na história, utilizando-se de sua função informativa. Os escritos que narram a experiência feminina no tempo e no espaço e registram a memória o fazem para uso de uma comunidade, funcionando como qualquer outro texto de história escrito no século 13.

Além dessa contribuição histórica e do acentuado misticismo, este foi um período em que aprouve a Deus usar homens e mulheres como veículos de sua Palavra, assim como profetas e profetisas, exortando o clero da época.

Também ocorreu uma bela cooperação entre homens e mulheres no serviço cristão. Mulheres que possuíam intuições elevadas foram incentivadas por seus confessores a escreverem suas experiências espirituais;

eles as consolavam e até mesmo choravam com elas, assim como lhes ensinavam e as aconselhavam.

Essa união no corpo de Cristo permite o crescimento e a edificação dos seus membros. A liberdade de desenvolver seus dons, de compartilhá-los, de ser usada por Deus sempre foi algo muito importante para a mulher cristã de todas as épocas. E a parceria entre os homens e as mulheres que formam o corpo de Cristo, a igreja aqui na terra, é algo desejável a Deus: "Oh! Como é bom e agradável viverem unidos os irmãos!" (Sl 133.1). Não deve existir competição, jogos de poder ou disputa de autoridade, mas somente o anseio por obedecer ao Senhor em unidade: numa só fé e em um só amor!

Os êxtases, as visões e os dons espirituais recebidos pelos místicos foram singulares: choro, levitação, compreensão de língua estrangeira, visões divinas, admoestação e entrega de profecias. Sem dúvida, se não existissem esses escritos, não acreditaríamos nessas manifestações.

Nós, geralmente, "encaixotamos" o Espírito Santo de Deus, crendo que ele só pode e deve realizar tais e tais ações através dos homens, mas a Bíblia declara que, se crermos, o Espírito fará maravilhas através de nós também. Pois, como prometeu Jesus: "Eu não disse a você que, se cresse, veria a glória de Deus?" (Jo 11.40); e "Em verdade, em verdade lhes digo que aquele que crê em mim fará também as obras que eu faço e outras maiores fará, porque eu vou para junto do Pai" (Jo 14.12).

E nós também iremos. Aleluia!

Figura 30 – Vitral de Hildegard de Bingen compondo[1]

AS TROVADORAS DE DEUS COM MULTIPLICIDADE DE DONS ESPIRITUAIS EM SEUS CASTELOS D'ALMA

Figura 31 – Matilde de Magdeburgo[2]

> Os escritos de Mechthild de Magdeburg (1270—1282), fundamentados em conhecimento experimental, têm, no centro, o amor que nasce da experiência paradoxal de estar com a alma nua diante da misericórdia divina. Mechthild [...] canta em versos como "trovadora de Deus", a experiência dolorida e prazerosa do amor de Deus-Trindade que a eleva para que flua. Sua indizível experiência de amor é tal que ela chega à ousadia de dizer que suportaria o inferno para que o seu Amado fosse louvado por toda criatura.[3]

O TROVADORISMO E O AMOR CORTÊS[4]

Figura 32 – Um trovador e seu amor platônico[5]

Na lírica dos trovadores medievais, [o amor cortês] é um amor gratuito, bom, verdadeiro e de serviço que um homem professa por uma mulher, sem esperar nenhuma recompensa senão o próprio prazer de amar ou a "alegria de amar".[6]

NA BAIXA IDADE MÉDIA ocorreu uma transformação na literatura europeia. As línguas nacionais quebraram o monopólio do latim na maioria dos textos e da poesia épica.

O século 12 foi singular, pois nele se experimentou uma quase igualdade de homens e mulheres na Igreja. Eclesiásticos, reis e papas se admiravam da sabedoria de monjas e beguinas e aceitavam suas exortações e repreensões, perguntando-se que arte dada por Deus era aquela.

O trovadorismo inaugurou uma nova fase da poesia na qual o tema da cavalaria dividiu espaço com a mulher. O trato refinado, os galanteios e o amor entraram em cena. O desenvolvimento das cidades permitiu que o *fabliaux* (conto cômico francês) surgisse como um tipo de literatura satírica, no qual autoridades e clérigos eram criticados.

Os trovadores revelavam em seus versos descontentamentos com a Igreja e com as práticas impostas ao povo. Para eles, a única recompensa do amor cortês era a alegria de amar — o que configurava o chamado amor platônico — e a dádiva de amor se alimentava na doação de si mesmo, de um modo inteiramente gratuito, o que contrastava com a ganância e a falta de compaixão que percebiam no clero.

Os goliardos eram jovens rebeldes que percorriam a Europa Ocidental, com seus poemas iconoclastas e sátiras mordazes, mas também com suas canções de amor, que reunidas numa coletânea formaram os famosos Carmina Burana. Eles fizeram da poesia a arma principal para afirmar sua liberdade, como demonstram as linhas do poema intitulado *Versos sobre o dinheiro*:

> O dinheiro reina, soberano, sobre a terra
> É admirado por reis e pelos grandes
> A ordem episcopal, venal, lhe rende homenagem
> O dinheiro é o juiz dos grandes concílios
> O dinheiro faz a guerra, e quando quer, obtém a paz

O dinheiro é que faz os processos, para que sua conclusão dele dependa
O dinheiro compra e vende tudo, dá e toma de volta o que deu
[...]
Graças ao dinheiro, o idiota se torna incontestável falante
O dinheiro compra médicos, adquire amigos prestimosos
[...] torna barato o que é caro, e suave o que é amargo.[7]

A exemplo dessa, são muitas as poesias de protesto da época. Outra, por exemplo, conhecida como *Canção da camisa*, atribuída a Chrétien de Troyes e escrita por volta de 1180, levanta seu grito contra a situação de exploração de que eram vítimas as mulheres tecelãs. Para designar os dois sexos o vocabulário corrente e o jurídico diziam: "o lado da espada" e "o lado da roca". Até mesmo o gênero poético associado à mulher *chanson de femme* (canção da mulher) passou a ser chamado de *chanson de toile* (canção da tela) porque era cantada no gineceu, local onde se fiava.[8]

Canção da camisa

Sempre teceremos panos de seda
 e nem por isso nos vestiremos melhor,
  seremos sempre pobres e nuas e teremos sempre fome e sede;
Nunca seremos capazes de ganhar tanto
 que possamos ter melhor comida.
Sem mudança, teremos pão
 de manhã pouco; à noite, menos;
 pois da obra de nossas mãos
 nenhuma de nós terá para se manter
 mais que quatro dinheiros de libra,
 e com isso não podemos
 ter bastante carne e panos;
 pois quem ganha por semana
 vinte soldos não está livre de sofrer...

> E estamos em grande miséria,
> mas, com os nossos trabalhos, enriquecemos
> aqueles para quem trabalhamos.
> Grande parte das noites ficamos acordadas
> e todo o dia, para isso ganhar.
> ameaçam-nos de nos moer de pancada
> os membros quando descansamos:
> e, assim, não nos atrevemos a repousar.[9]

No final da Idade Média, os valores mundanos se contrapõem aos religiosos e a preocupação de intelectuais e artistas com a condição humana encaminhava-os para a Renascença.

Na Europa medieval, as mulheres excederam os homens na produção de textos místicos. Isso ocorreu devido às transformações contextuais que mudaram a condição feminina, entre elas, a importância atribuída ao culto à Maria, o surgimento da literatura cortês e as Cruzadas, uma vez que, com a morte de muitos homens, as mulheres assumiram responsabilidades tradicionalmente masculinas. Na literatura, o status da mulher se elevou, passando de dama à senhora na relação com o poeta.

Na nova mística que floresce no século 13, a presença feminina também se destaca. As novas formas de cooperação entre homens e mulheres na busca de uma vida apostólica e de um conhecimento amoroso de Deus, além do aparecimento de novas formas de linguagem, associadas ao uso da língua vernácula, possibilitaram o surgimento da "mística-cortesã", que combina a mística dos comentários monásticos ao Cântico dos Cânticos, com temas do amor cortês, possibilitando um aprofundamento no amor a Deus.

Entre as beguinas, encontram-se autoras exemplares desses escritos místicos, que têm como traço característico o caráter ao mesmo tempo especulativo e experimental. Nas beguinarias, como já relatado, as mulheres viviam do próprio trabalho: tecelagem, bordado, costura, ensino de crianças e serviços às damas idosas. Algumas desenvolveram intensa vida espiritual e, a partir dessas experiências, produziram literatura de grande valor religioso.

A MÚSICA MEDIEVAL[10]

Figura 33 – St. Cecília tocando órgão medieval[11]

A música da época feudal foi o produto de uma evolução que remontava bem longe, aos inícios da história medieval europeia. O ponto de partida dessa evolução foi o desenvolvimento do cantochão, tradicionalmente atribuído ao papa Gregório Magno. Era o canto gregoriano, uma melodia simples e sem acompanhamento, cantada por um solista ou por um coro em uníssono. Essa forma de arte forneceu a base de quase toda a música medieval. [12]

NA TRADIÇÃO ANTIGA e medieval, os pensadores que se voltaram para a estética da música exploraram as dimensões matemáticas e cosmológicas da organização rítmica e harmônica do universo. Desde cedo, pensava-se que a música tinha a capacidade de influir em nossas emoções, nosso intelecto e nossa psique, podendo amenizar a solidão ou incitar paixões.

Dentre os autores que legaram informações sobre a música na Idade Antiga, o bispo Isidoro de Sevilha (556—636) ocupou um lugar especial. Em sua enciclopédia *Etimologias*, ele subordinou a música à aritmética (por essa depender dos números), e a definiu assim:

> Música é a perícia na modulação consistente no som e no canto. Chama-se "música" por derivar de "Musa". O nome das Musas, por sua vez, tem sua origem em *másai*, que quer dizer "procurar", já que, por elas, conforme acreditaram os antigos, se procurava a vitalidade dos poemas e a modulação da voz. Seus cantos, que entram pelos sentidos, remontam à noite dos tempos e se transmite pela memória. Por isso os poetas imaginaram as Musas como filhas de Júpiter e de Memória, pois se seus sons não fossem gravados na memória, se perderiam, pois não podem ser escritos.[13]

A Idade Média, esteticamente, não foi apenas uma civilização das imagens, mas também dos sons, em contraposição aos gregos antigos que privilegiavam a visão. Essa nova perspectiva estética, mais ampla e aberta às sonoridades do mundo, fundou as bases da cultura musical europeia. Também estavam incluídos os efeitos que os sons musicais exerciam nos estados do homem, como afirmou o monge e regente italiano Guido d'Arezzo (992—1050).[14]

Guido também foi o responsável por nomear as sete notas musicais da forma como as conhecemos hoje, baseando-se num trecho de um hino a São João Batista, chamado *Ut queant Laxis*, que tinha a peculiaridade de começar cada frase com uma nota musical superior à frase anterior.

UT queant laxis
REsonare fibris
MIra gestorum
FAmuli tuorum,
SOLve polluti
LAbii reatum,
Sancte **I**oannes.[15]

Na igreja, os compositores sacros utilizavam cantigas populares como a base sobre a qual teciam as palavras sagradas da missa. A música popular era vocal, acentuadamente rítmica e cantada com acompanhamento instrumental, empregando as línguas vernáculas. De origem anônima ou de trovadores, especialmente no final da época feudal, a música secular influenciou a arte sacra.

A música medieval não foi somente uma disciplina auxiliar da poesia, mas era certamente uma arte independente; foi e é considerada a mais atrativa de todas as artes e continuou a florescer nos séculos seguintes, em todos os ambientes: religiosos e profanos.

HILDEGARD DE BINGEN (1098-1179)[16]

Hildegard von Bingen

Figura 34 – Hildegard de Bingen: pluma de Deus[17]

> Mas como sei que sozinha não sou capaz de nada, ofereço simplesmente as minhas mãos a Deus, para serem por ele pegadas como uma pluma que não tem nenhum peso e que voa na força do vento.[18]

HILDEGARD, CUJO NOME significa "audaz na batalha", nasceu em uma família pertencente à nobreza local do palatinado alemão.[19] Seus pais, Hildebert e Mathilde, eram originários de Bermeshein vor der Höhe, na Alemanha, onde Hildegard nasceu. Ela não foi uma menina como as outras, causando espanto por enxergar além do que era visível e experimentar a força e o mistério dessas faculdades visuais em seu interior desde os 3 anos de idade.

> No terceiro ano da minha existência, vi uma luz tal que minh'alma estremeceu, mas, por causa da minha pouca idade, eu nada pude dizer. [...] No oitavo ano da minha existência, fui ofertada a Deus em oferenda especial e, até o meu décimo quinto ano, vi muitas coisas e às vezes eu as dizia com toda a simplicidade, de modo que os que me escutavam se perguntavam de onde vinha e o que seria aquilo. E eu mesma me espantava porque do que via em minh'alma nem ao menos tinha a visão exterior, e vendo que isso não acontecia a nenhuma outra pessoa, escondi quanto pude a visão que tinha em minh'alma. Ignorei muitas coisas do mundo exterior, porque estive doente com frequência, ainda no tempo em que minha mãe me amamentava e mais tarde, o que prejudicou meu desenvolvimento e me impediu de ganhar forças.[20]

Ao descobrir que ninguém mais tinha essas experiências, ela ficou temerosa e não ousou mais revelar suas visões. Quando falava de fatos que iam acontecer, o que era estranho aos que a ouviam, sentia vergonha, chorava e preferia se manter calada o maior tempo possível: "Cumpridos os oito anos de idade, seus pais a oferecem a Deus como 'dízimo', para compartilhar a 'vida reclusa' com a virgem Judite, filha do conde de Sponheim, no monastério beneditino de Disibodenberg".[21]

Aquele era um lugar de ensino e prática da vida religiosa para homens e mulheres. Judite lhe ensinou os salmos e a tocar o concorde, um tipo de harpa medieval de dez cordas, que acompanhava os cânticos.

À época, toda educação começava pelo canto e, especialmente, pelos salmos: aprender a ler era aprender o saltério. Hildegard reclamou, posteriormente, que não havia aprendido a interpretação das palavras ou a divisão das sílabas, pois a gramática lhe fora negligenciada.

Além da leitura dos escritos sagrados, ela pôde aprender a ler e a escrever rudimentos de latim. Contudo, não teve um ensino sistemático do conhecimento medieval baseados nas sete artes liberais, divididas em trívio (Gramática, Retórica e Dialética) e quadrívio (Aritmética, Geometria, Música e Astronomia). Isso era reservado aos membros masculinos da ordem beneditina.

Aos 14 ou 15 anos, Hildegard tomou o hábito como monja da regra beneditina, uma das mais rigorosas. Ela fez seus votos religiosos, recebeu o véu e o anel e se tornou uma monja cisterciense, passando a viver em regime de ascetismo. Em uma semana, os religiosos cantavam todo o saltério. Prece, meditação e trabalho faziam parte do dia e os tempos de penitência eram ainda mais ocupados.

Seu biógrafo, o monge Volmar, foi seu confessor, copista, conselheiro e assistente, tendo convivido com ela por mais de 30 anos. Foi a ele que Hildegard ditou suas visões posteriores.

Quando Judite morreu,[22] em 1136, Hildegard foi eleita abadessa, pouco antes de completar 40 anos de idade.

Obras e primeira grande experiência mística

Figura 35 – Hildegard recebendo visão[23]

Ó homem frágil, cinza da cinza, podridão da podridão,[24] diz e escreve o que vês e ouves. Mas, porque és tímido para falar e pouco hábil para expor e pouco instruído para escrever estas coisas, diz e escreve, não segundo a boca do homem, nem segundo a inteligência de uma invenção divina, nem segundo a vontade de compor humanamente, mas segundo o que vês e ouves de celestes maravilhas vindas de Deus.[25]

DEPOIS DE SE TORNAR ABADESSA, Hildegard ouviu essas palavras de Deus e recebeu dele uma ordem específica. Ela deveria repetir as palavras como as tinha ouvido. Era uma ordem decisiva, a respeito da qual seu papel se assemelhava ao dos profetas do Antigo Testamento.

Essa fase de sua vida marcou uma descontinuidade: da reclusão ao discurso público, à peregrinação e à pregação. Hildegard declarou que recebeu um encargo de Deus para escrever e pregar, o que requeria uma mudança radical. Sua grande experiência mística foi narrada no prólogo do livro que escreveu sobre a visão:

> E sucedeu no 1141º ano da encarnação de Jesus Cristo, Filho de Deus, quando eu tinha 42 anos e sete meses de idade, uma ardente luz de um intenso brilho veio do céu para se pôr por completo em minha mente, como uma chama que não queima, mas que ilumina. Ela me preencheu totalmente, coração e alma, como um sol que esquenta algo com seus raios. E, mais uma vez, eu poderia ter o gosto de entender realmente o que diziam e o que significavam os Sagrados Livros: os Salmos, os Evangelistas, e os demais livros dos Antigo e Novo Testamentos.[26]

Hildegard não estava dormindo nem em êxtase, mas acordada, vendo com seus próprios olhos, ouvindo com seus ouvidos e recebendo tudo interiormente, segundo a vontade de Deus. Sua intenção era guardar silêncio sobre o que lhe acontecera, porque pensava que era difícil ao homem compreender tamanho mistério. Mas, entendendo que provinha realmente de Deus e tendo ouvido dele que fora escolhida por sua pureza de espírito e humildade, obedeceu à ordem divina de escrever.

Contudo, Hildegard relata que, antes dessa tomada de decisão, foi flagelada por Deus com múltiplas enfermidades por sua recusa em obedecer. Enquanto escrevia, recuperou-se fisicamente e levou a cabo a obra, à qual dedicou dez anos. Hildegard foi considerada uma profetisa, boca de Deus, mas sempre declarou que nada escreveu por si mesma, nada partiu dela, pois apenas transmitiu o que lhe dissera a "Luz viva".

Numa época em que a intelectualidade estava reservada aos homens, foi o sobrenatural que permitiu a Hildegard sair dos estreitos limites que lhe haviam sido impostos para situar-se no plano da espiritualidade e da cultura.

A Bíblia declara que há tempo para tudo e, assim, Hildegard passou muitos anos recebendo visões e, então, dez anos as escrevendo, até que as compartilhou com o monge Volmar. Quando os outros do mosteiro foram informados de sua nova atividade, ficaram duvidosos e perplexos.

A obra foi ditada por ela e compilada pelo monge Volmar e por outros colaboradores. Ela usava o alemão arcaico e eles transcreviam em alemão eclesiástico. Por vezes, ela falava um idioma estranho que os copistas tinham dificuldade de entender. Hildegard chegou a elaborar um novo alfabeto que utilizava quando falava sobre assuntos espirituais.[27]

Essa sua primeira obra foi intitulada *Scito Vias Domini* [Conheça os caminhos do Senhor], cujo título foi abreviado para *Scivias*,[28] e não foi seu único trabalho durante aquele período. Hildegard foi uma personalidade bem ativa, e alguns de seus manuscritos também foram ilustrados por ela, seguindo o costume medieval.

Ela desenhou a si mesma recebendo a luz divina, sentada em uma cadeira de espaldar alto, tendo tabuinhas nas mãos para anotar as visões. As tabuinhas eram de cera negra, o códex era de pergaminho, e a pena, de ganso. Ilustrou também um monge idoso, provavelmente Volmar, e Richardis, uma religiosa do convento, que Hildegard disse amar como Paulo amou Timóteo.

A língua ignota, estranha ou desconhecida de Hildegard

O comentador Pedro Edmundo Gómes, na introdução ao volume 1 da tradução espanhola das Cartas de Hildegarda, traz uma passagem de uma de suas cartas, na qual deixa entrever que recebia suas visões em uma língua estranha ou "ignorada", que precisava ser burilada para se tornar cognoscível ao gênero humano. Logo, não sabemos ao certo que "língua ignorada era esta; se se trata de um alemão arcaico, como querem alguns comentadores, ou da "língua ignota" da qual falaremos mais adiante, que fora mais uma de suas criações. A supracitada passagem da Carta de Hildegarda diz o seguinte: "Aquele que é grande e sem defeito algum tocou agora neste humilde habitáculo, para que se pudesse acontecer um prodígio e formou letras desconhecidas e fez uso de uma língua ignorada. E este disse a esta pequena morada: Aquele que tem a pedra pomes não descuide da tarela de polir e tornar cognoscível ao gênero humano o que te foi dado em uma língua manifestada a ti a partir do alto e não segundo a forma formalizada entre os seres humanos, porque assim não te foi revelado".[29]

Foi o sobrenatural, não a intelectualidade reservada aos homens, que permitiu a Hildegard sair dos estreitos marcos conventuais para um primeiro plano da espiritualidade e cultura da época. Para ela, o mosteiro não era, como antigamente, um local somente de práticas de disciplinas espirituais, mas um campo de batalha. E era nesse campo que passava privações, sofria dores, recebia visões, desenvolvia conhecimentos e agradava ao seu Deus.

Hildegard, às vezes, somente balbuciava, pois não sabia como dizer, e repetia de outra maneira a frase. Seu secretário copiava as duas versões, praticamente idênticas, mas com formas gramaticais diferentes.

Foram feitas muitas críticas ao estilo obscuro dela, com acusações de blasfêmia a quem o atribuísse ao Espírito. Christian Feldmann intitulou um capítulo de sua obra de: *O mau latim do Espírito Santo*, contudo a elogiou, declarando:

> de quanta força poética é capaz esta monja apesar de não possuir nenhum talento retórico [...]. Uma verdadeira catedral de palavras. Segura, como uma catedral gótica levantada sobre os blocos de pedras [...]. É um autêntico fenômeno: o mísero latim com o qual ela escreve e dita, claramente pode apenas conter o poder expressivo desta monja. Maneja sobremaneira as imagens, emprega de forma certeira as comparações e sabe impor plasticidade e cor.[30]

Como autora de uma língua secreta, nunca ouvida, Hildegard criou um alfabeto de letras desconhecidas, com pouco mais de mil termos que traziam a tradução latina e a alemã (um vocabulário).

Suas obras

> Hildegarda percebe-se como a portadora de um conhecimento. Ela é mensageira de uma verdade. Mas não é ela que produz essa verdade.[31]

Em suas obras, Hildegard renova para o seu tempo a expressão dos mistérios que a Bíblia ensina e a Igreja transmite, principalmente no livro de Apocalipse. Sua obra lançou um olhar novo, ardente e encantador por sua singeleza acerca do conteúdo da fé.

Foi nessa época que o papa Eugênio III realizou um sínodo em Tréves, a cidade mais antiga da Alemanha, e o trabalho dessa religiosa visionária foi submetido aos prelados e ao próprio papa.

O papa havia recebido sua instrução em Clairvaux pelo monge cisterciense Bernardo de Claraval, que foi a grande figura masculina do misticismo medieval e era considerado o maior cristão de seu tempo. Bernardo era puro de coração e muito justo, tinha domínio próprio, um enorme ardor místico, uma caridade abundante e um grande desejo de servir como exemplo. Ademais, o mais importante, ele amava profundamente a Deus: ele afirmava que cria para experimentar a Deus, porque a realidade cristã tinha de ser experimentada e ele sentia fome de experimentar o divino.

> Ó amor incomparável, veemente, inflamado, impetuoso, que não me deixais pensar senão em Vós!, que desdenhais todo o resto!, que tudo desprezais e Vos bastais a Vós mesmo![...] Compreendei com que medida — ou antes como sem medida — Deus merece ser amado – Ele que sendo tão grande, nos amou primeiro, gratuita e completamente, a nós que somos tão pequenos e tão miseráveis! Se o nosso amor remonta a Deus, remonta, por conseguinte, à imensidade, ao infinito, porque Deus é infinito e sem limites. Quais poderiam ser então — pergunto-vos — o termo e a medida do nosso amor?[32]

Para compreender a importância do Sínodo de Tréves é necessário destacar o espírito e as personagens da época, os quais ajudam a entender a espiritualidade vigente. Havia uma tradição muito forte de interferência dos reis e imperadores germânicos na nomeação dos bispos e abades dos mosteiros. O propósito desse sínodo era combater esse costume e confirmar uma reforma na Igreja.

A audiência era grande, e o próprio Bernardo de Claraval, reconhecidamente um apaziguador, estava ao lado da pequena abadessa Hildegard, que se dizia agraciada por visões divinas. Ela havia sido submetida a um inquérito local sobre sua conduta, e seus escritos foram avaliados por quatro clérigos superiores. Sendo aprovada, levou a Tréves o que já redigira do *Scivias*.

O papa leu em público, diante de muitos assistentes, os escritos de Hildegard e expôs uma parte muito importante da obra. Todos os que ouviram renderam graças a Deus Todo-Poderoso, cheios de admiração. No trecho de *Scivias* transcrito a seguir, Deus se dirige ao homem:

> Ó homem, eu te resgatei pelo sangue do meu filho, não com malícia e iniquidade, mas com a máxima justiça. E, contudo, me abandonas, a mim, o verdadeiro Deus, e segues aquele que é mentira. Eu sou a justiça e a verdade, é por isso que te advirto na fé, exorto-te no amor e acolho-te na penitência, a fim de que, mesmo ensanguentado pelas feridas do pecado, te ergas da profundeza da queda.[33]

A seguinte frase sobre Hildegard é atribuída a Bernardo de Claraval: "É preciso impedir que se apague uma tão admirável luz animada de inspiração divina."[34] Posteriormente, o próprio papa escreveu a ela:[35]

> Nós admiramos, filha, além do que se pode crer, que Deus mostre em nosso tempo novos milagres, e isso quando ele derrama sobre ti o seu Espírito, a ponto de se dizer que vês, compreendes e expões numerosos segredos. Isso soubemos por pessoas verídicas que dizem te haver visto e ouvido. Mas o que deveremos dizer a esse propósito, nós, que possuímos a chave da ciência para poder abrir e fechar e que por inépcia negligenciamos prudentemente fazê-lo? Felicitamos-te, pois, e nos dirigimos a tua dileção, para que saibas que Deus resiste aos soberbos e dá sua graça aos humildes.[36]

Só pela graça de Deus um papa entenderia a vocação de Hildegard, a incentivaria a continuar escrevendo e confessaria sua acomodação nas coisas espirituais.

Entre 1148 e 1150, Hildegard se transferiu para um local permitido pelo papa, para viver segundo a regra de São Bento, na clausura. Essa localidade era Rupertesberg, onde um novo mosteiro seria construído para as religiosas. Foi uma época dura e difícil, pois todos viveram desconfortavelmente até a finalização da construção. Lá, Hildegard escreveu sua segunda obra, *O livro dos méritos da vida*. Nesse período, ela também se ocupou com suas produções musicais. Contudo, não é possível conhecer a época da produção de suas obras sobre Medicina e Ciências Naturais.

Acerca de seu terceiro livro, denominado *Sutilezas naturais, sobre medicina, ervas, alimentos, humores das pessoas e ambientes*, a estudiosa Régine Pernoud escreveu:

> [...] O valor sutil, aos olhos de Hildegard, é o valor curativo, benéfico que as plantas, as frutas, os animais, os peixes etc. podem proporcionar ao homem. Cada elemento da natureza possui, assim, o seu valor, salutar ou prejudicial, que os trabalhos da abadessa nos ensinam a discernir.[37]

Sua última obra, *Liber divinorum operum* [Livro das obras divinas], possui verdadeira beleza, pois nela a grande doutora da igreja fala de temas diversos como o macrocosmo, o microcosmo, as virtudes do ser humano, os anjos, a Medicina, entre outros.

O manuscrito original de *Scivias* foi perdido na Segunda Guerra Mundial, fato que foi muito lamentado, pois era o documento histórico de uma das principais obras de Hildegard e continha descobertas teológico-cosmológicas. Porém, o texto havia sido copiado à mão entre 1927 e 1933 por freiras na Abadia de Santa Hildegard.

Figura 36 – Livro das obras divinas[38]

Exortações

Agora, ó rei, vigia com cuidado, porque todas as tuas regiões estão obscurecidas pela turba falaciosa dos que destroem a justiça no negrume de suas faltas. [...] Ó tu, que és rei, rege com teu cetro de misericórdia os preguiçosos, os erradios, os que têm costumes cruéis. Tens, com efeito, um nome glorioso, já que és rei em Israel; gloriosíssimo é o teu nome. Vê, pois que o Rei supremo te observa, para não seres acusado de não exercer retamente o teu ofício e para que não tenhas do que enrubescer. Que Deus te livre disso![39]

Frederico Barbarossa, também conhecido como Barba-Ruiva ou Barba-Roxa, foi considerado o maior imperador medieval do Sacro Império Romano-Germânico a partir de 1155. Eleito rei da Alemanha em 1152, tornou-se rei da Itália e foi coroado como monarca supremo pelo papa Adriano IV.

Hildegard foi convidada a visitá-lo, pois ela lhe havia prevenido sobre os perigos que o ameaçavam e ele buscava suas orientações. Apesar da surpresa pelo convite, ela não se intimidou e falou com intrepidez diante do famoso imperador.

Ela o exortou a zelar pelos costumes dos prelados que eram negligentes e torpes; também o orientou a desprezar a avareza e a ser abstinente e prudente. Hildegard lhe suplicou cuidado para que Deus não o derrubasse pela cegueira de seus olhos, que não se apercebiam do privilégio que desfrutava de ter em mãos o cetro de um reino. Ele deveria agir de forma que a graça de Deus não lhe faltasse.

Outro nobre que consultou a abadessa foi Filipe, conde de Flandres, que a chamou de serva de Cristo e de Vossa Santidade. Ele elogiou a vida santa de Hildegard afirmando que honrava e amava de todo o coração aos servidores e amigos em Cristo e, por isso, enviava-lhe aquela carta, uma vez que não podia visitá-la pessoalmente. O conde se preparava para viajar a Jerusalém e precisava da misericórdia de Cristo e dos conselhos dela para lutar contra os sarracenos.

A princípio usando histórias bíblicas, Hildegard o exorta a fugir da ira, pois Filipe tinha a reputação de ser um homem cruel e exaltado. Depois, ela o lembra que não se deve matar o próximo sem a justiça de Deus, uma censura porque ele assassinara um homem apenas por conversar com sua esposa. Ela prossegue:

Toma, pois, todas as tuas negligências e tuas faltas e teus injustos julgamentos, refugia-te com a marca da cruz em direção ao Deus vivo, que é o caminho e a verdade, e que diz: "Não quero a morte do pecador, mas que se converta e viva." E, se vier o momento em que os infiéis se consagrem a destruir a fonte de fé, então resista tanto quanto possa, com a graça de Deus. De minha parte, vejo em minha alma que a inquietude que tens nas angústias de tua alma se assemelha à aurora que se eleva ao amanhecer, que o Espírito Santo, então, pela pura e verdadeira penitência, em ti opere e faça um sol ardente para que tu o descubras e sirvas somente a ele e vivas na eternidade em completa beatitude.[40]

Tanto Barbarossa quanto o conde Filipe não seguiram os conselhos que lhes foram oferecidos e tiveram fins trágicos. Houve muitos momentos violentos entre a Igreja e o Império Romano-Germânico, sendo que Barbarossa nomeou três antipapas durante o pontificado de Alexandre III, entre 1159 e 1181. Ele morreu afogado na Armênia na tentativa de libertar Jerusalém, em 1190. O conde Filipe, por sua vez, conseguiu escapar de alguns atentados na Síria, mas deixou uma situação inquietante no Oriente. Com remorsos tardios, ele retornou à Terra Santa após 14 anos, onde morreu em 1177.

O papa Anastácio IV, que sucedeu a Eugênio III em 1153, conhecendo a estima que este dedicava à Hildegard, escreveu a ela em termos de grande admiração: "Nós nos regozijamos no Senhor e nos felicitamos de que o nome de Cristo a cada dia seja glorificado em ti."[41] Ele afirmou que desejava receber dela uma resposta, porque entendia o que Deus realizava nela e buscava a mesma coisa, mas sabia que seguia cambaleando, por conta da fraqueza do corpo e do espírito.

A resposta dela foi dura. Ela lhe indagou por que ele ainda não cortara pela raiz o mal que sufocava as boas ervas, porque negligenciava a justiça e permitia que a grosseria de costumes estrangeiros estragasse o reino, defendendo os simuladores da falsa paz, que ao mesmo tempo em que se atacavam, tratavam-se bem; contudo, mordiam o honesto soldado que era útil à casa do rei.

Hildegard viajou por vários lugares profetizando e admoestando sacerdotes e autoridades públicas; ensinou Teologia e Apologética na Catedral de Trier, a mais antiga da Alemanha, abrangendo desde a criação do mundo até a vinda do Messias. O cura lhe solicitou que mandasse seus ensinos por escrito: "Porque Deus está em vós e suas palavras saem de vossa boca, nós imploramos vossa dileção maternal para que nos escreva expondo o que nos dissestes de viva voz".[42]

Ela escreveu uma exortação aos cátaros que,[43] considerados hereges, foram perseguidos e mortos pelas cruzadas. Hildegard os achava orgulhosos, pois criam que eram os únicos cristãos verdadeiros. Ela lhes disse que a vida espiritual exigia dedicação e renúncia ao prazer da carne, e não permitia se deixar fascinar para que não se aviltasse.

Nos últimos anos da sua vida, com a autoridade espiritual que recebeu como profetisa, Hildegard continuou a viajar, não obstante a idade avançada e as condições difíceis dos deslocamentos, para falar de Deus aos povos. Todos a escutavam de bom grado, inclusive quando recorria a um tom severo, pois a consideravam uma mensageira enviada pelo Senhor.

A abadessa exortava sobretudo as comunidades monásticas e o clero a uma vida em conformidade com a própria vocação. Quando o imperador Frederico Barbarossa provocou um cisma eclesial opondo três antipapas ao papa legítimo Alexandre III, Hildegard, inspirada por suas visões, não hesitou em recordar-lhe que também ele, o imperador, estava sujeito ao juízo de Deus. Com a audácia que caracteriza todos os profetas, ela escreveu-lhe estas palavras: "Ai desta conduta malvada dos ímpios que me desprezam! Escuta, ó rei, se quiseres viver! Se não, a minha espada trespassar-te-á".[44]

Hildegard não concordou com o movimento dos *cátaros* alemães. Eles se consideravam puros, conforme o significado de seu nome sugere, e propunham uma reforma radical da Igreja, sobretudo para combater os abusos do clero. Ela os repreendeu severamente por desejarem subverter a própria natureza da Igreja, recordando-lhes que uma verdadeira renovação da comunidade eclesial é obtida com uma conversão concreta e um espírito sincero de penitência, não com mudanças estruturais.

Essa é uma mensagem que não deve ser esquecida. Muitos desejam mudanças na igreja ou na comunidade à qual pertencem, mas não estão dispostos, em primeiro lugar, a mudar a si próprios e a batalhar pelo ensino bíblico autêntico e pela divulgação constante de Cristo como único Senhor e Salvador.

De toda a França e da Alemanha, milhares de pessoas chegavam desejosas de ouvir um conselho ou exortação de Hildegard. Muitos pediam que ela curasse as enfermidades de seus corpos, o que ela fazia dando sua bênção. Judeus iam ouvi-la e ela os exortava à conversão à fé verdadeira.

Hildegard livrou do demônio uma pessoa de Colônia que estava possessa por um espírito imundo, o qual os sacerdotes da Abadia de Brauweisler não tinham conseguido expulsar.

Não era incomum que uma pessoa tão reconhecida por ser tocada pela santidade fosse convidada por bispos para falar em suas dioceses, sem que abandonasse seu status de religiosa de clausura. Os textos dessas preleções de Hildegard são conhecidos, pois, conforme já relatado, foi-lhe solicitado que os escrevesse.

Posteriormente, ela se dirigiu à Mainz, uma viagem que relata em *Scivias*. Depois foi até a Colônia, com paradas em Boppard e Andernach. Em Colônia, a solicitação do cura da Catedral de Trier se repetiu: que ela escrevesse o que havia proclamado ali. Sem hesitação, Hildegard respondeu: "Vejo que sois constituídos como o sol que deve brilhar para os homens pelo fogo da verdadeira doutrina e pelo brilho de uma boa reputação. Vós deveis ser luz, mas sois noite. Escolhei de que lado quereis ficar!".[45] Palavras corajosas e vigorosas, especialmente por serem dirigidas ao clero.

Em tom áspero, Hildegard, dirige uma carta ao decano Werner de Kirchheim, narrando uma de suas visões proféticas, a "Luz vivente" e lamentando o deplorável estado de miséria da Igreja, fruto do desleixo dos seus sacerdotes, exortando-os à vigilância e à santidade.

Texto de exortação a Werner de Kirchheim

No ano de 1170 da Encarnação do Senhor, enquanto eu jazia desde muito tempo no leito por conta de uma doença, via a figura de uma belíssima mulher [a Igreja]. [...] mas seu rosto estava coberto de poeira, a sua veste rasgada no lado direito. Também o manto tinha perdido a sua preciosa beleza. O calçado estava sujo por cima. Com uma voz forte e dolorosa gritava ao Céu e dizia: 'Afila as orelhas, ó Céu, o meu rosto está manchado! Veste de luto, ó terra, a minha veste está rasgada! Treme, ó abismo, o meu calçado está sujo! As raposas têm suas tocas e as aves do céu o seu ninho, mas eu não tenho nenhuma ajuda e conforto, nem bastão em que me apoiar e que me sustente'. [...] Os meus assistentes, os sacerdotes, que deveriam fazer de modo que o meu rosto resplandecesse como o amor, que a minha veste fosse luminosa como um relâmpago, que o meu manto brilhasse como as pedras preciosas e o meu calçado luzisse claro, atiraram o meu rosto à poeira, rasgaram as minhas roupas, escureceram o meu manto e enegreceram os meus cabelos. Aqueles que tinham o dever de me embelezar toda, abandonaram-me infielmente. Emporcalharam o meu rosto quando, afetados pela impureza dos seus costumes exagerados, pelo podre fedor da prostituição e do adultério, na avidez impetuosa da pior espécie na compra e venda de todas as coisas possíveis convenientes, celebram o mistério e recebem o Corpo e o Sangue do meu Filho. Por isso, sujam-no, como se uma criança se sentasse no meio dos excrementos dos porcos.

Os estigmas do Esposo (Cristo) continuam abertos, enquanto estiverem abertas as feridas dos pecados dos homens. Precisamente, o facto de as feridas de Cristo continuarem abertas devem ser imputadas aos eclesiásticos. Eles, que deveriam tornar-me pura e esplendorosa e que deveriam servir-me na pureza, mudam uma igreja após outra por imoderada avidez (adquirindo posições melhores). A seguir, dilaceram minhas roupas, enquanto transgressores da Lei, do Evangelho e do seu dever sacerdotal. Subtraem esplendor ao meu manto, porque em todas as coisas descuram os preceitos que lhes foram impostos. Não os cumprem nem na intenção nem na execução — com a temperança da esmeralda —, nem com outras pedras preciosas. Sujam o meu calçado — de certo modo pelo meu mistério —, encontro em alguns o esplendor da verdade.

Ouvi uma voz do Céu a dizer-me: "Esta imagem figura a Igreja." Agora, portanto, tu, ó pobre mulher, que vês e ouves estes lamentos, anuncia-os aos eclesiásticos, que são ordenados para guiar e para ensinar o povo de Deus e aos quais se dizia, como aos Apóstolos: "Ide por todo mundo e pregai o Evangelho a cada criatura".[46]

Sobre a feminilidade

Figura 37 – Jovem medieval com véu[47]

[Hildegard] criticava fortemente a hipocrisia dos véus negros e pesados que ocultavam muitas vezes um coração cheio de pecados e ressentimentos. Hildegard compreendeu que os textos de Pedro e Paulo, assim como toda a Bíblia, não proibiam os adornos femininos. A beleza foi criada por Deus e pode ser usada para glorificá-lo, sempre acompanhada do "interior, que está oculto no coração, o adorno duradouro de uma alma mansa e serena", "por meio de boas obras". Como resultado, os sermões públicos de Hildegard atraíram multidões de mulheres da alta classe que se sentiam livres para adorar vestidas da forma como faziam no dia a dia, sem a necessidade de vestir a hipocrisia da roupa sóbria e véu escuro.[48]

É INTERESSANTE OBSERVAR a força dos padrões culturais da época, que sobrecarregava o sexo feminino conhecedor do preconceito difundido ao longo dos séculos de ser uma "Eva tentadora". Enquanto algumas, na mesma época, defendiam-se e retrucavam a concepção que as considerava mais fracas, mais débeis e menos propensas ao espiritual; outras, conforme já relatado, a aceitavam naturalmente.

Quanto à Hildegard, ela defendia que uma mulher devia se arrumar em honra ao Criador. Ela dirigia sua atenção ao belo, ao perfume, à harmonia, à beleza interior. Para ela, o estado natural humano é a saúde e nunca a doença. Assim, afirmava que utilizar joias ou enfeitar o cabelo para assistir à missa não era um ato de vaidade, mas uma forma de louvar a Deus com seu corpo. Portanto, ia em direção contrária aos Pais da Igreja, como Tertuliano que, chamando a mulher de Eva, porta do Diabo, exortava-a a não usar ornamentos, mas sim roupa de luto.

A abadessa permitia que as monjas sob sua autoridade usassem o cabelo solto, vestes claras e luxuosas, ornamentos de ouro e perfumes, pois, se eram as "noivas de Cristo", deveriam apresentar-se belas para Jesus, tal como a noiva do Cântico dos Cânticos, que se adorna com brincos, colares e perfumes (1.10-13).

Quando construiu o próprio convento, afrouxou as regras beneditinas. A música e a beleza eram importantes para ela, e as freiras podiam vestir-se de branco e de flores e entoar canções da autoria dela. Por governar sua abadia de forma diferente, Hildegard recebeu muitas críticas, especialmente em relação às suas funções de abadessa e à liberdade da qual desfrutavam suas monjas, que participavam das cerimônias religiosas com os cabelos soltos, usando como parte do vestuário longos véus de seda caindo até o chão e adornadas de anéis de ouro, demonstrando, assim, preocupações com a aparência e pouca modéstia.

A abadessa respondeu às críticas com segurança e sem a menor intimidação. Argumentou que as recomendações de modéstia no penteado e no vestuário só se aplicavam às mulheres casadas, que deveriam aparecer muito discretas na frente de outros homens. Já as virgens — e principalmente as monjas — não eram obrigadas a cobrir seus cabelos e podiam usar sem restrições seus longos e belos trajes brancos. Ela também defendia os rituais próprios de seu mosteiro e, sobretudo, demarcava com muita clareza seu espaço, conservando sua liberdade.

Hildegard criou a água de lavanda, apreciada até hoje, e estudou a utilização de ervas e óleos na cura das doenças. Sua obra *Physica. Liber simplicis medicinae*, sobre plantas medicinais, escrita em 1158, ainda é referência na medicina natural.

Assim como o versículo afirma que a beleza deve residir no interior, Hildegard cria que um espírito manso e tranquilo era de grande valor para Deus (1Pe 3.3-4). Para ela, a beleza, criada por Deus, deve ser usada para glorificá-lo, sempre acompanhada de humildade e boas obras, pois o espírito manso e tranquilo é um traje incorruptível, é silencioso, atraente e fala mais alto do que lindos vestidos ou ricas palavras.

Cientista e naturalista

Figura 38 – Hildegard como naturalista[49]

Não deixa de ser um paradoxo que, em nossa época de imensos progressos da Medicina, de descobertas de extrema riqueza que trazem aquisições que parecem irreversíveis nessa área de conhecimento, seja esse aspecto do legado de Hildegard que justamente mais contribua para torná-la conhecida. A medicina hildegardiana vem despertando a atenção do público há bastante tempo e tem suscitado numerosos trabalhos.[50]

A OBRA DE HILDEGARD é extensa e diversificada. Um de seus aspectos mais surpreendentes é sua particular cosmologia, que integra o homem à natureza e a Deus, superando a dicotomia corpo-alma debatida desde Agostinho. Mais surpreendente ainda é a valorização da mulher, que provém de um pensamento que nega a responsabilidade exclusiva de Eva e considera homem e mulher interligados, com um sendo produto do outro. Contudo, as interpretações de Hildegard nunca confrontam de forma direta a ortodoxia dogmática do cristianismo, pois ela se manteve conservadora nos pontos centrais.

Em relação à Medicina, seus livros *Physica* (Física) e *Causae et curae* (As causas e as curas), extrapolam seu quadro habitual de estudos e preocupações com uma vida espiritual, compondo uma verdadeira enciclopédia de Ciências Naturais e Medicina. Ela estabeleceu relações entre os produtos da natureza e as pessoas, pesquisando os conhecimentos relativos ao homem, ao seu equilíbrio e à sua saúde. Seu método de tratamento de doenças foi revolucionário, pois considerava as doenças como oriundas de um desequilíbrio entre o corpo, a mente e o espírito.

Como naturalista, descreveu minuciosamente inúmeras plantas medicinais e nutritivas. Denominava de *viriditas* a força vital, o frescor da vida, a constante vitalidade, expressa no verde da vegetação, que contrapôs a *ariditas,* a aridez que, segundo afirmou, provinha da separação entre o homem e Deus.

Hildegard propôs métodos de cura natural com inúmeras plantas, a prática regular do jejum e orientações higiênico-dietéticas. Ela considerava as doenças como consequências do pecado original, da perda da harmonia e da moderação primitivas e da ausência de comunhão entre Criador, natureza e criatura. Hildegard afirmava que saúde era a harmonia entre o corpo, a alma e o espírito.

Sua terapêutica era resumida em quatro pilares: primeiro, nutrir a alma e o corpo; segundo, viver saudavelmente, o que inclui exercícios, passear ao ar livre, bons hábitos e bons relacionamentos familiares; terceiro, reforçar a imunidade, fazendo uso de elixires, repousando, evitando produtos químicos, vinho e shitake; quarto, desintoxicação regular, que se referia à limpeza intestinal, jejum, uso da calêndula, sangrias e ventosas.

Hildegard denominava suas receitas terapêuticas de "maravilhas do Senhor", afirmando que eram inspiradas diretamente pelo Criador. Seus "alimentos da alegria" eram o funcho, o espelta (um antigo tipo de trigo), castanhas, marmelo, amêndoas e muitas especiarias, tais como a canela, a noz moscada, o tomilho e o cravo da Índia, as quais preconizava consumir regularmente — alimentos ricos em vitamina B12 e magnésio.

As dosagens certamente soam estranhas ao leitor de hoje: "Às vezes, a quantidade indicada consiste em tomar 'na ponta de uma faca' ou ainda, segundo um hábito comum na época, a medida é meia casca de ovo. De qualquer maneira, estamos muito longe das precisões de nossos dias".[51]

Na Idade Média, os algarismos eram pouco familiares. Assim, as receitas não eram tão exatas. Imagine, por exemplo, uma recomendação de cozinhar vigorosamente o *dictamno* (espécie de cogumelo) na água, com um tanto de barba-de-júpiter (planta arbustiva com aparência filamentosa), acrescentar urtiga, cuja medida deve ser duas vezes a quantidade de barba-de-júpiter, e misturar tudo.

> Reduzir a pó uma parte de gengibre, uma meia parte de alcaçuz e uma terceira parte feita de zedoária [cúrcuma] e outro tanto de gengibre; pesar o pó obtido, tomar o mesmo peso de açúcar. Tudo isso deverá pesar mais ou menos trinta peças. [...] Tomar uma medida de gengibre e um pouco mais de cinamomo, reduzir a pó. Tomar uma porção de sálvia, um pouco menos de gengibre, e funcho, um pouco mais do que de sálvia, bem como tasneira, um pouco mais do que de sálvia; pilar num almofariz etc.[52]

O jejum era uma dieta revitalizante e desintoxicante praticada por duas ou três semanas. Consistia basicamente em ingerir uma sopa de espelta e legumes, condimentada com tomilho, camomila e gengibre ao meio-dia, e chás e sucos pela manhã e à noite. A utilidade terapêutica do jejum tem sido confirmada em inúmeras comunicações científicas atuais.

É frequente nas obras de Hildegard a preocupação em curar a melancolia, considerada perigosa porque acaba com a "viridez", em outras palavras, com a pujança de vida que é manifestada pela plenitude do viço, termo utilizado principalmente para se referir às plantas, mas também se aplica a todas as criaturas vivas. Para ela, a melancolia provinha do excesso de bile negra, conforme Hipócrates já havia descrito ao definir o temperamento melancólico. A bile negra causava distúrbios de metabolismo e temíveis acessos de cólera. Para eliminá-la, além de manter refeições saudáveis, Hildegard sugeria uma receita de rosas: "Reduzir a pó uma porção de rosas e um pouco menos de sálvia, e quando a cólera explodir, levar esse pó à narina".[53]

Sem desprezar o papel maléfico da bile negra no organismo, Hildegard desenvolveu uma percepção correta sobre a função do fígado e a consequência dos exageros alimentares, além do desequilíbrio emocional que vem da ira. Ela se preocupava em cuidar do doente mais do que da doença.

A música da trovadora de Deus

Figura 39 – Vitral de Hildegard como musicista[54]

Fundamental para o conhecimento do século 12, esta monja das margens do Reno que, num eco à voz de São Bernardo, faz ouvir uma voz de mulher, musical, literalmente — a parte musical é o que melhor se conhece hoje das obras de Hildegard —, e de alto alcance. Fundamental porque interveio junto às personalidades mais marcantes de seu tempo, papas e imperadores, e sob muitos aspectos, como dizia Bernard Gorceix, ela representa a consciência espiritual e política desse tempo.[55]

ALÉM DE ESCRITORA, MÉDICA, mística e artista plástica, Hildegard era grande musicista, compositora e dramaturga. Dotada de talento artístico, ela compôs hinos, antífonas, responsoriais e cânticos, que foram reunidos sob o título *Sinfonia da harmonia das revelações celestiais* e executados jubilosamente nos mosteiros, difundindo uma atmosfera de serenidade que chegou até nós. Para ela, toda a criação é uma sinfonia do Espírito Santo, que é alegria e júbilo em si mesmo.

A abadessa acreditava que a música tinha íntima relação com a vida sobrenatural da alma e sua união com Deus, o que lhe transformou em uma inovadora compositora musical, uma das mais profícuas da Idade Média.

Apesar de, assim como na escrita, nunca ter estudado música, compôs poemas e melodias para o louvor de Deus, e sem que ninguém ensinasse a notação musical ou o canto, cantava-os:

> Sem que nunca houvesse realizado qualquer estudo especializado de tipo artístico ou literário, pintava as miniaturas de seus livros, escrevia hinos e poemas litúrgicos, e os musicava. Tem cerca de 170 composições musicais de caráter monódico, líricas e dramáticas, com modulações muito pessoais que diferem da música gregoriana de sua época.[56]

Seu interesse pela música se desenvolveu quando fazia aulas de notação de salmo com o monge Volta, e foi com o saltério, lira ou harpa de mão (o concorde, por ter dez cordas), que começou a compor suas obras. Ela compunha peças litúrgicas, hinos, cenários da celebração religiosa ou textos cantados, mas seu maior trabalho foi uma peça musical, considerada um protótipo de opereta, chamada *Ordo Virtutum* [Surgimento das virtudes].

> A peça musical foi escrita sob inspiração divina, como ela relata no último capítulo de seu livro *Scivias*, ao contemplar e ouvir,

numa visão mística, algo à maneira de síntese de toda a sua obra transposta para diversos gêneros de música, executados pelos que gozam da bem-aventurança no céu. Na mesma manifestação sobrenatural, a Santa escutou também as lamentações daqueles que se afastaram desses louvores de alegria, e viu as virtudes cristãs, revestidas parabolicamente de personalidade própria, exortando-os ao combate e à resistência aos artifícios do demônio.[57]

Composta em 1151, *Ordo Virtutum* acompanha a luta de uma alma humana entre as virtudes e o diabo e é considerada a mais antiga peça moralista, um gênero teatral medieval em que o protagonista se encontra com personificações de vários atributos morais que o levam a escolher uma vida piedosa. O trabalho de Hildegard antecipou essa tendência em mais de um século.

Suas composições expandiram as fronteiras do canto gregoriano, que era o principal estilo musical do período. As melodias introduziram muitos exemplos de melismas (quando uma palavra ou sílaba é cantada sobre muitas notas), um estilo que se tornaria popular um século depois. Outra marca da inovação musical de Hildegard é o uso da estrutura monofônica, ou seja, com uma linha de melodia. Esse estilo é caracterizado por melodias crescentes, que eram consideradas inovadoras e emocionantes na era medieval.

Cuidadosa com a vida litúrgica de sua comunidade, Hildegard compôs uma sinfonia da revelação celeste, que faz parte das obras-primas do canto gregoriano. Por meio de sua extensiva obra, ela encabeça a teologia visionária e a ciência médica e natural: "Hildegard se manteve numa longa tradição de inspiração escatológica, mas se distingue tanto das personagens extáticas [...] quanto das místicas que iriam florescer no vale do Reno no século 14."[58] Seu discurso profético rendeu-lhe o cognome de "Sibila do Reno".

Seus sermões: a pregadora

Ela foi uma extraordinária pensadora, uma grande filósofa e teóloga. Ela era uma freira que — coisa raríssima na época — fazia sermões públicos, e que além de atrair pela riqueza de conteúdo o povo de sua época, atraía multidões pelo carisma e pela grande beleza física que possuía, como podemos ver pelas iluminuras que a representam e pelos relatos sobre ela. Dentre outras qualidades, ela era compositora (suas músicas foram recentemente gravadas), escritora, médica, botânica. Era muito dada ao estudo. De certa forma, durante o reinado das trevas, ela possivelmente tenha sido a primeira cientista após a destruição definitiva da Biblioteca de Alexandria.[59]

Como grande oradora, Hildegard foi autorizada a pregar na igreja, coisa rara entre as mulheres de seu tempo. Mais do que difundir seus escritos e suas visões, sua missão era profética evangelizadora. Ela realizou pelo menos quatro viagens missionárias entre 1167 e 1171 e nelas fez pregações em diversas igrejas, abadias e praças públicas sobre temas que afetavam a Igreja, principalmente a corrupção do clero e o avanço das heresias.

Por suas pregações exortativas foi muito hostilizada, mas a pior retaliação ocorreu no final de sua vida quando enterrou em seu mosteiro um jovem revolucionário excomungado, quebrando uma das mais rígidas leis eclesiásticas. Ela, mesmo exortada, recusou-se a exumar o corpo, afirmando que o jovem morrera em comunhão com Deus. Seu mosteiro foi interditado e as monjas foram proibidas de participarem da missa.

Suas mensagens eram direcionadas às pessoas, pois discursava sobre saúde, rumos da igreja, desafios espirituais e temporais, contudo, a profecia foi desde sempre sua característica principal, e em assuntos políticos e eclesiológicos o que ela fez foi combater os males civis e a corrupção moral do clero.

Ela foi reformadora em suas intenções, mas era conservadora na doutrina e teve uma identidade carismática demonstrada em uma vasta obra multidisciplinar. Sua mensagem ultrapassou seu momento histórico e abordou os debates teológicos e místicos.

Hildegard escreveu com audácia espiritual e propôs perspectivas à Medicina, à música, à vida monástica, à política, à reforma da igreja e muito mais: "Se hoje buscarmos uma fé significativa, com força profética e abordagem de síntese, encontramos em Hildegard uma fonte inspiradora e uma referência para a espiritualidade cristã".[60]

Morte e legado

O último ano de vida de Hildegard foi repleto de amargura, pois o mosteiro havia sido interditado, não sendo possível celebrar missas e cânticos sacros. Em 17 de setembro de 1179, no silêncio do convento de Rupertsberg, a abadessa Hildegard de Bingen faleceu. Tinha 80 anos, e sua extensa e laboriosa vida durou quase todo o século 12. Após sua morte, uma de suas lideradas declarou:

> Nossa boa mãe, depois de combater piedosamente pelo Senhor, tomada de desgosto da vida presente, desejava cada dia mais evadir-se desta Terra para unir-se com Cristo. Sofrendo de sua enfermidade, ela passa alegremente deste século para o Esposo celeste, no octogésimo ano de sua existência, no dia 17 de setembro de 1179.[61]

Hagiógrafos a chamam de polímata, ou seja, aquela que conhece muitas ciências, pois foi abadessa, escritora, farmacêutica, compositora, poetisa, dramaturga, pregadora, teóloga, naturalista, terapeuta, reformadora, visionária, compositora e musicista, superando os limites de sua saúde frágil desde a infância.

O túmulo de Hildegard se tornou centro de peregrinações de milhares de fiéis que a consideravam santa. Todavia, sua santidade só foi oficializada em 2012 pelo seu conterrâneo papa Bento XVI, que também a nomeou "doutora da Igreja".

A linguagem das obras místicas de Hildegard era, ao mesmo tempo, alegórica e poética. Em seus escritos, ela relatava visões e transmitia um modo de vida e espiritualidade. Seu texto utilizava uma linguagem apocalíptica, de revelação, no qual a notável abadessa representava fenômenos espirituais por meio de recursos imaginários que recuperavam o estilo literário utilizado no livro de Apocalipse, do apóstolo João.

Ela foi uma das primeiras compositoras de ópera da história. Foi abadessa de dois mosteiros projetados por ela mesma. Escreveu livros de Medicina, Teologia e Filosofia e se tornou uma das maiores personalidades da Europa, produzindo peças e óperas.

Hildegard trocou mais de 400 cartas com papas, cardeais, arcebispos, bispos, reis e imperadores e, se tivesse de reprovar alguma ideia ou atitude deles, o fazia sem temor. Ela também foi uma grande poetisa, escrevendo 45 poemas em estrofes, 14 visões e 16 poemas em rimas com duas linhas em cada estrofe.

Como mística e cientista, ela permaneceu sempre em sua própria realidade, mesmo diante do sobrenatural. Encantava-se com a visão do universo e desenvolveu uma teologia cósmica. Seus manuscritos estão em latim e alemão, e sua obra foi cuidadosamente estudada por beneditinos e especialistas em profetismo e mística medieval.

Foram seus tratados sobre ciência natural que levaram Hildegard a receber reconhecimento público, não suas obras teológicas ou visionárias. Destaca-se também a sua medicina com aplicação de ervas, que continua fundamental até nossos dias. Essa é uma demonstração da importância dada ao cuidado com o corpo, sem detrimento do zelo com a alma.

Os historiadores são unânimes ao destacar Hildegard como uma das figuras mais fascinantes e plurais do ocidente europeu. Algo interessante em sua personalidade era que aceitava ser corrigida, mas não acalentava as críticas, e sabia administrar seu ego, sem se enaltecer com os elogios.

O fato de uma mulher escrever e falar em público perante os prelados da Igreja é algo extraordinário quando consideramos a condição da mulher na Idade Média. Hildegard pôde fazer isso graças ao seu dom carismático e sua habilidade visionária em pleno século 12, quando a Igreja ainda estava aberta a esse tipo de experiência. Ela também contava com o apoio de Bernardo de Claraval, personagem muito influente da época.

A teologia pode receber uma contribuição particular das mulheres, porque elas são capazes de falar de Deus e dos mistérios da fé com sua singular inteligência e sensibilidade. A história de Hildegard é encorajadora a todas aquelas que estudam ou aspiram estudar Teologia. Para isso, a tarefa mais importante é se dedicar a uma profunda prática de oração e reconhecer a grande riqueza, ainda inexplorada, da tradição mística medieval, sobretudo a riqueza representada por modelos de tanta espiritualidade e erudição como Hildegard de Bingen.

MATILDE DE MAGDEBURGO (1210?-1282)[62]

Mechthild von Magdeburg

Figura 40 – Matilde de Magdeburgo[63]

> Elevar-se em si mesmo e fechar as portas ao mundo é criar um íntimo silêncio da alma.[64]

> Avisaram-me a propósito desse livro, e eis o que me fizeram saber, que se eu não o fizesse enterrar, ele tornar-se-ia presa do fogo.[65]

CONSIDERADA A MÃE DA língua alemã, Matilde não correspondia em nada à imagem erudita de seu tempo: era mulher e não estava sob a proteção de um mosteiro. Mesmo assim, participava das discussões e buscava a Deus em oração. Seus escritos legados à posteridade ainda têm impressionante força.

Nascida em uma família rica da Saxônia, recebeu uma educação requintada. Com apenas 12 anos, teve as primeiras visões místicas, que a levaram a abandonar a família e juntar-se às beguinas, com as quais conviveu por quarenta anos.

Quando resolveu divulgar suas visões, poesia e narrativa se fundiram em um belo livro, no qual figuras alegóricas — como amor, alma ou fidelidade — expressam sua relação mística com Deus, referenciando o livro Cântico dos Cânticos.

A única obra que escreveu, *A luz que flui da divindade*, rendeu sete volumes em baixo-alemão. Eles foram organizados pelo dominicano Enrique de Halle, que encorajou e auxiliou Matilde. Seis deles foram publicados enquanto ela ainda vivia e, posteriormente, foram traduzidos para o latim.

A obra descreve um diálogo de Deus com a alma. Alertada de que seu escrito poderia ser queimado, Matilde afirmou ouvir a voz divina dizer-lhe que ninguém poderia destruir a verdade. A intrépida beguina também denunciou clérigos imorais e políticos como bodes e fariseus e enviou seu livro a muitos homens da igreja.

Matilde dividiu a obra em três seções: criação (união de Deus com o homem); queda (afastamento entre Deus e o homem) e redenção/salvação (reconciliação e restauração da união entre Deus e o homem). Ao discorrer sobre a criação, descreve como uma união de essência, em outras palavras, uma união ontológica, uma vez que Deus fez o homem à sua imagem e semelhança por um ato de amor: o homem foi feito por amor e para amar. Na linguagem simbólica do amor cortês, isso significa uma perfeita reciprocidade entre o amante e o amado.

Acerca da segunda seção, estudiosos afirmam:

> O segundo estágio, da queda, afastamento ou estranhamento, Mechthild [Matilde] von Magdeburgo compara, simbolicamente, com a queda (pôr) do sol, à qual se segue a "noite escura" das trevas, quando o homem, por livre vontade, deixa de amar o verdadeiro Amor ou Amante — Deus, e passa a amar a si mesmo (soberba) ou as demais criaturas, amor que se caracteriza como mundano, carnal etc.[66]

Nos cinco primeiros livros, ela desenvolveu uma antropologia existencial, centrada na mística do amor ou do "amor cortês", que em seu texto adquiriu um caráter religioso com duplo sentido: o amor dirigido exclusivamente a Deus ou ao próximo em função de Deus, o qual se torna caridade; e, por outro lado, em um sentido transcendente, o amor de Deus ou de Cristo para com os homens.

Seu escrito reflete sobre a história da salvação, a ética das virtudes e também relata a história da Igreja. Nesse último tópico, Matilde utilizou um tom profético similar ao de Hildegard de Bingen, expressou suas preocupações em relação ao relaxamento dos costumes e alertou para uma urgente necessidade de mudanças.

Numa sociedade em que as mulheres desempenhavam um papel secundário, há uma consciência muito clara da importância dessas beguinas escritoras e do valor de suas vozes. Diante dos que queriam silenciá-la por ser mulher, Matilde reivindica seu direito de falar, pois foi Deus quem a tinha autorizado.

A divulgação de suas visões atraiu críticas até de suas próprias companheiras beguinas. Então, declarou que temia a Deus quando do se calava, mas, quando escrevia, temia os homens, que não a entendiam.

Morte e legado

É comum muitas vezes nos encontrarmos divididos entre a vontade de Deus e a conformidade às tradições humanas. Frequentemente nos calamos porque é o que o politicamente correto aconselha, mesmo sabendo que o padrão divino é outro. Assim, deixamos de reconhecer as orientações de Jesus Cristo como uma lei superior: "ouvistes o que foi dito, eu porém vos digo...", conforme ensinou no Sermão do Monte.

Criticada por escrever na língua do povo e por criticar o clero, foi perseguida pela Inquisição e pela Igreja. Matilde refugiou-se, em 1270, no convento de Helfta. Ela passou seus últimos anos inspirando mulheres que se tornariam importantes místicas, o que transformou o local em um dos mais famosos centros do misticismo feminino medieval.

Outras a seguiram e compartilharam seu legado, devido ao seu exemplo e ousadia ao não se calar, seguindo a recomendação bíblica: "Certa noite Paulo teve uma visão em que o Senhor lhe disse: 'Não tenha medo! Pelo contrário, fale e não fique calado'" (At 18.9).

Em conformidade com os ensinos cristãos, este é o correto: falar com temor, com mansidão, bondade e amor ao próximo, mas sempre lembrando que, quando falamos, exortamos, pregamos o evangelho, temos a chance de resgatar almas das mãos do inimigo, como demonstram as místicas medievais.

Figura 41 – Cristina de Pisan entregando seu livro
à rainha Isabel da Baviera[1]

CAPÍTULO 6

AS OBRAS ESPIRITUAIS DAS MESTRAS E DOUTORAS MEDIEVAIS

Figura 42 – Iluminura de Cristina de Pisan em seu escritório[2]

> Estas palavras de mulheres afirmam uma notável cultura literária, sem falar da bagagem teológica de que elas dão provas. Mas, sobretudo, comprometidas na sua própria aventura espiritual, estas mulheres escritoras estão conscientes de si próprias: visitadas pela graça, difundem a verdade de Deus e, preocupadas com as que as rodeiam, empenham-se muitas vezes numa relação pedagógica e numa transmissão ativa. A eficácia do texto, da letra, da palavra, é fortemente pressentida.[3]

UM BREVE PERÍODO DE IGUALDADE NA IGREJA

Figura 43 – Cristina de Pisan ensinando[4]

Me parece que esta é a razão/ de que uma mulher seja boa aos olhos de Deus:/ na simplicidade de sua compreensão, /seu coração doce, seu espírito mais débil,/ são mais facilmente iluminados em seu interior,/ de modo que em seu desejo compreende melhor/ a sabedoria que emana do céu/ que um homem duro/ que nisto é mais torpe.[5]

DO SÉCULO 11 AO SÉCULO 12, as mulheres exerceram papéis que tradicionalmente eram atribuídos aos homens. Elas foram profetisas, pregadoras e professoras, uma função posteriormente assumida pelo clero. As mulheres ocuparam a liderança de grandes mosteiros de poder religioso e político.

Além disso, leitura e escrita foram quase exclusivamente realizadas por elas. Como agora se sabe, a maioria dos homens eram analfabetos, mas muitas mulheres ensinavam meninas e meninos nos mosteiros.

Elas detinham ainda grande poder econômico, pois possuíam cervejarias, fábricas, moinhos, empresas têxteis, e isso estava, em alguns casos, relacionado com sua influência religiosa. Somente por volta do século 14 essa situação foi extinta. Assim, as mulheres místicas desempenharam um papel importante nesse período em que o poder masculino na Igreja foi consumido por conflitos internos e movimentos alternativos emergentes, considerados hereges. Nesse contexto conturbado, muitas mulheres levantaram sua voz e, portanto, possuíram uma influência político-religiosa importante.

> Várias destas mulheres postularam-se como profetisas e fizeram notáveis afirmações teológicas. *Curiosamente, entretanto, o que elas proclamaram não é geralmente definido como teologia, mas como mística.* As mulheres desejam afirmar, com seu estilo próprio de falar, uma maneira distinta da religião proveniente da teologia clássica e querem dar a sua opinião em discussões teológicas. No entanto, os homens — para garantir a sua própria definição teológica — classificaram estereotipadamente a teologia das mulheres como "mística".[6]

A mística, ou simplesmente a espiritualidade feminina, chocou o mundo teológico conservador da época, pois utilizava de uma linguagem alegórica, de visões e poesia, e apregoava um novo modo de vida e espiritualidade. As visões asseguravam a importância da fala feminina e suas vozes eram ouvidas por serem porta-vozes de Deus. Contudo, sua autoridade só seria reconhecida por sua vida exemplar, pelo seu amor incondicional a Deus e por pregar contra os abusos da Igreja instituída — sempre em concordância com o conteúdo bíblico.

Contudo, esse breve período de igualdade terminou. As universidades fundadas no final do período medieval, por exemplo, entraram em conflito com as mulheres. No período de caça às bruxas e em um constante exercício hierárquico de condenação, o conhecimento produzido por mulheres deixou de ser relevante.

Ainda no período medieval, no entanto, outras mulheres se destacaram por seu conhecimento e audácia no agir, falar e escrever teológico. A elas, foram dados títulos de doutoras da Igreja. Como exemplo, no dia 3 de outubro de 1970, Catarina de Siena foi proclamada doutora da Igreja pelo papa Paulo VI, um reconhecimento fundamentado no extraordinário testemunho de vida dessa dominicana da terceira ordem. Ela amou profundamente a Igreja num tempo de grande crise, quando a função estritamente espiritual do papa se desviou para a dimensão política.

Quem foram as doutoras da Igreja? Foram mulheres reconhecidas pelas autoridades eclesiásticas, mas também outras mestras que, mesmo sem o título oficial, foram consideradas mulheres capazes e úteis por seus escritos, palavras e ações, sendo reconhecidas por Deus, pela literatura e pelo povo espiritualmente carente.

CATARINA DE SIENA (1347-1380)[7]

Khaterine Benincasa

Figura 44 – Catarina cortando seus cabelos[8]

Quem foi a voz mais animada e eficaz na luta? Uma mulher italiana, Catarina de Siena. O que ela pretendia e obteve, naquele magno acontecimento, não foi fruto de sua escrita ou visão, pois ninguém tinha, senão obra de seu tato feminino e de seu coração sensível.[9]

CATARINA ERA, AO MESMO TEMPO, contemplativa e ativa; não se impressionava com a adulação nem com a injúria. Era mediadora em controvérsias, foi taumaturga e mestre de Teologia. O seu trabalho, que talvez parecesse demasiado exaustivo para algumas mulheres mais fortes, era apenas interrompido para descanso nos momentos em que sua alma escapava do corpo para estar com Deus.

Ela nasceu em Siena, na Itália, e foi a 24ª filha do humilde tintureiro de roupas Giacomo di Benincasa e de Lapa Piacenti. Após 22 partos, Lapa teve gêmeas: Giovanna e Catarina, mas a primeira faleceu ainda pequena. A última criança a nascer recebeu o nome da mãe, mas também morreu precocemente. A família era extremamente pobre, de forma que Catarina não pôde aprender a ler e escrever na infância.

Catarina, que se tornou a caçula da família, era muito amada pelos pais e todos a consideravam bonita, meiga e esperta. Aos 6 anos de idade, teve suas primeiras experiências místicas e começou a se autoflagelar em segredo, chicoteando seus ombros com uma corda.

Quando lhe apresentaram um pretendente para casar, ela resolutamente disse não. Seus pais, porém, almejavam que ela contraísse matrimônio com o cunhado, viúvo de sua irmã mais velha que morrera aos 16 anos. Contrariada com a imposição, Catarina entrou em um intenso jejum. Depois disso, cortou os cabelos, irritando sua mãe, que os achava lindos. Mas, para Catarina, aquele ato significava a recusa dos traços atrativos femininos e a entrega a Cristo.

> Catarina não ficou nada entusiasmada com a ideia de se fazer bonita para agradar aos rapazes; pelo contrário, parecia que se esquivava à companhia deles e fazia tudo para que não a vissem. [...] Nunca se deixava ficar à porta da casa nem se debruçava nas janelas para ver os transeuntes e para ser vista por eles.[10]

Seu castigo foi servir sua família como serva. Desde sua adolescência, ela construiu uma cela mental da qual jamais pudesse escapar. Nessa cela, ela fez de seu pai uma representação de Cristo, de sua mãe, Maria, e de seus irmãos, os apóstolos. Assim, servir humildemente à sua família se transformou em uma chance de crescer espiritualmente e, com tal estratégia, logrou resistir à tradição do casamento e da maternidade e optar por uma vida ativa e piedosa fora dos conventos. Adotou, contudo, o modelo dos dominicanos e, posteriormente, se tornou freira.

Catarina, que já usava véu e se encerrava em casa, recebeu permissão da família para entrar na comunidade penitente das terciárias dominicanas com apenas 16 anos. Ela passou a viver em uma cela, em regime de reclusão, com rigorosas práticas de ascetismo, como as mortificações do corpo — por exemplo, usar roupa de baixo com correntes que lhe feriam a carne, dormir em um banco de madeira com uma pedra como travesseiro, e se martirizar três vezes ao dia, por uma hora, com uma corrente de aço.

Ainda que seguisse práticas não ensinadas pela Bíblia, mas preconizadas pela Igreja dominante à época, Catarina foi uma cristã fiel e amou profundamente a Igreja num tempo de grande crise que desviou a missão do papa de sua função estritamente espiritual para a dimensão política.

Na época da peste negra, que devastou a Europa, Catarina teve uma segunda e profunda experiência mística. Ela contraiu uma doença e ficou treze horas em aparente estado de morte, a ponto de serem feitos preparativos para o seu velório e sepultamento. Voltando a si, a experiência foi considerada como uma "morte mística".

Ela narrou que sua alma se separou do corpo, possibilitando que visse mistérios divinos que não poderiam ser escritos por nenhum vivente, pois a memória não os conserva e as palavras não seriam capazes de descrever coisas tão sublimes. Somente 18 anos depois confessou ao seu biógrafo Raimundo de Cápua que, naquele momento em que contemplou a morte, sua alma viu o eterno Esposo, que lhe disse:

> Vês de quanta glória estão privados e com que tormentos são punidos aqueles que me ofendem? Retorna, pois, à vida e faze-os compreender seu erro e o perigo da condenação. [...] Mas não viverás mais como até agora. O pequeno quarto não será mais a tua costumeira moradia: pelo contrário, para a salvação das almas deverás sair da tua cidade. Estarei contigo sempre, na ida e na volta. Levarás o louvor do meu nome e a minha mensagem a pequenos e grandes, aos leigos, clérigos e religiosos. Colocarei em tua boca uma sabedoria à qual ninguém poderá resistir. Conduzir-te-ei diante de papas, bispos e governantes do povo cristão, a fim de por meio dos fracos, como é do meu feitio, eu humilhe a soberba dos fortes.[11]

Apesar de crermos que Deus ama a contemplação, a principal tarefa do cristão é divulgar o evangelho e cuidar do próximo. Afinal, está escrito em Tiago 1.27: "A religião pura e sem mácula para com o nosso Deus e Pai é esta: visitar os órfãos e as viúvas nas suas aflições e guardar-se incontaminado do mundo".

Catarina como "boca de Deus"

Figura 45 – Catarina em negociação com o papa Gregório XI[12]

> Em Avignon, diante dos cardeais, a intrépida Catarina
> ousou proclamar os vícios da corte pontifícia e pedir, em
> nome de Cristo Jesus, a reforma dos abusos. Gregório
> XI a chamava para dar sua opinião em pleno consistório
> dos cardeais. Ela o convenceu a voltar a Roma. Em 17
> de janeiro de 1377, Gregório XI deixa Avignon, apesar
> da oposição do rei francês e de quase todo o Sacro
> Colégio. Ele ainda hesita no caminho, e ela o conjura
> a ir até o fim.[13]

A PARTIR DA EXPERIÊNCIA de morte mística, Catarina assumiu uma vida pública de profetisa. Primeiro, cuidou das pessoas atingidas pela epidemia. Depois, mudou-se para Roma, onde lutou com as armas da oração e da exortação para acabar com o grande Cisma do Ocidente.

Depois de um conclave que durou onze meses, o papa francês Clemente V (1305—1314) foi eleito. Por causa das irregularidades no Estado Pontifício, decidiu viver em Avinhão, sul da França. Depois dele, mais seis papas franceses moraram naquela cidade e Roma ficou sem o papado de 1305 até 1376, e, por esta razão a época foi chamada de "exílio de Avinhão".

A situação ficou caótica para o Estado Pontifício. E os papas de Avinhão tornaram-se "marionetes" da política francesa e, por causa das dificuldades econômicas, aumentaram os impostos em Roma, o que prejudicava sobremodo a população. Catarina, levada pelo amor a Deus, chegou a ir até Avinhão e pediu ao papa Gregório XI (1371—1378) que voltasse para Roma, sendo atendida em 1377. Os historiadores afirmam que o papel dela foi fundamental para a volta do papa à sede pontifícia.

Ela escreveu inúmeras cartas, das quais se conservam cerca de 400, orações e um livro, *O diálogo*, com suas conversas íntimas com Deus. Graças aos ensinamentos dessa obra, foi proclamada doutora da Igreja. Sem particular instrução, pois aprendeu a escrever jovem, contribuiu muito para o crescimento do reino de Deus e, apesar de sua curta vida, Catarina encheu-se de frutos para a eternidade como se estivesse apressada para habitar no tabernáculo celestial.

Com muito vigor, Catarina dirigiu severas e urgentes exortações a cardeais, bispos e sacerdotes, implorando-lhes por uma reforma da Igreja, pela pureza dos costumes e pelo respeito à dignidade de qual estavam revestidos, pois eram ministros de Cristo. Ela estava convencida de que a saúde espiritual do rebanho dependia da conversão e do exemplo dos pastores da Igreja.

Conta-se que, dois anos antes de sua morte, o céu revelou-lhe a verdade com tamanha clareza que ela decidiu difundir sua experiência por meio da escrita. Catarina orientou seus secretários a permanecerem sempre prontos para transcrever o que lhes falasse, e assim foi composta a sua obra-prima, *O diálogo*. Segue-se um trecho em que Catarina afirma ter ouvido de Deus que o pecado da homossexualidade era intolerável aos próprios demônios e revelou o motivo pelo qual ele não destruía os que praticam pecados sexuais:

Sobre pecados sexuais

É dever de meus ministros ficar junto à cruz de Cristo pelo desejo santo, trabalhando pela minha glória e pela salvação dos homens. Embora se trate de uma obrigação geral dos cristãos, com maior razão a isso devem dedicar-se aqueles que escolhi [...]. Mas os maus ministros preferem frequentar as tavernas, ali jurando e perjurando entre pessoas dissolutas, como cegos e loucos. Seus vícios transformam-nos em animais, pois vivem na luxúria mediante ações, atitudes e palavras. Ignoram o ofício divino. Às vezes o recitam com a boca, mas seus corações estão longe de mim (Mt 15.8). Vivem como truões[14] e aproveitadores. Após vender a própria alma ao diabo, consomem os bens da Igreja e do ministério. Os pobres são privados da parte que lhes pertence, ao templo nem se destinam o que lhe é estritamente necessário.

[...] Onde está o conhecimento da minha bondade que, sem merecimento teu, fez de ti um ministro a servir os demais? Mas eles [os ministros] fazem exatamente o contrário. Estão inteiramente imundos. E o pior é que não se trata apenas daquela fraqueza natural que a razão pode dominar quando a vontade o quer. Esses infelizes não somente não refreiam tal tendência, mas fazem algo de muito pior e caem no vício contra a natureza.

São cegos e estúpidos, cuja inteligência obnubilada não percebe a baixeza em que vivem. Desagrada-me este último pecado, pois sou a pureza eterna. Ele me é tão abominável, que somente por sua causa fiz desaparecer cinco cidades (cf. Sb 10.6)[15] [...], minha justiça não mais consegue suportá-lo. Esse pecado, aliás, não desagrada somente a mim. *É insuportável aos próprios demônios, que são tidos como patrões por aqueles infelizes ministros.* Os demônios não toleram esse pecado. Não porque desejam a virtude; por sua origem angélica, recusam-se a ver tão hediondo vício. Eles atiram as flechas envenenadas da concupiscência, mas voltam-se quando o pecado é cometido.

Lembras-te ainda? Foi antes da grande mortandade [a peste negra] que eu te fiz ver quanto esse vício me desagrada e como a sociedade está corrompida por sua causa. Naquela ocasião eu te arrebatei no desejo santo e te mostrei como ela se encontrava. Viste tal vício presente em quase todas as classes sociais, viste igualmente como os demônios se afastavam de maneira explicada. Grandes foram a dor e a náusea que sentiste. [...] A visão foi geral. Não te mostrei — nem mostro agora — casos pessoais. Havia algumas pessoas que a visão não incluía, pois mesmo entre maus conservo os que me pertencem. Por sua santidade retenho mesmo a minha justiça, não ordenando às pedras que se atirem contra os pecadores, à terra que os devore, aos animais que os estraçalhem, enfim, aos demônios que levem seus corpos e almas. Procuro maneiras e meios de curá-los. A fim de que se corrijam, coloco entre eles os meus servidores, homens puros, que orem por eles. [...] Então voltei-me para ti com olhar de piedade; naquele momento eu te disse, e torno a dizer: "Minha filha, que vosso repouso consista em me louvar e glorificar, em oferecer-me em oração contínua por esses infelizes. Estão numa grande infelicidade, pelos seus pecados que merecem minha condenação. Que vosso lugar de repouso seja Cristo crucificado. Escondei-vos na caverna de seu peito. Pela caridade, fruireis naquele corpo de homem a própria divindade. Naquele coração achareis o amor por mim e pelos homens. Foi para me glorificar que ele realizou a obediência por mim imposta; foi para vos salvar que ele correu ao encontro da morte na cruz. Quando tomardes consciência e experimentardes sua caridade, vivereis sua mensagem, alimentar-vos-eis com as dores da cruz e suportareis o próximo com paciência, bem como as penas, tormentos, fadigas – venham de onde vierem. Eis o modo de fugirdes daquela lepra".[16]

O livro narra uma interação emocionante entre uma alma e o próprio Deus que a instrui sobre numerosas e úteis verdades, e ficou conhecido como *O livro da Divina Doutrina* e, também, como *Revelações e diálogo da divina providência*. Em suas páginas, Catarina aborda a missão redentora de Cristo, o clero, a conversão da humanidade, entre outros temas, sendo referência para aqueles que desejam se aprofundar em sua mística e emocionante trajetória.

Catarina faleceu no dia 29 de abril, aos 33 anos. Ela, que sofrera muitas dores físicas, experimentou pela percepção espiritual a beleza da alma. Da mesma forma que outras já aqui citadas, suas lágrimas e sua mística deram ao seu corpo poderes singulares, como quando se elevou da terra com o espírito.

CRISTINA DE PIZAN (1364-1430):[17]

Cristina de Pisano/Pizano ou Christine de Pizan

Figura 46 – Cristina de Pizan e seu livro Cidade das damas[18]

> Cristina compreende que elas usam roupas velhas talhadas por outros: foram os homens que as designaram como "essencialmente más e atraídas pelo vício". Intrépida, vai contra-atacar, levar a espada para o terreno onde os homens se batem entre eles há séculos. A verdadeira "querela das mulheres" acaba de nascer: uma mulher envolve-se nela. Isso passa-se por volta de 1400, quando o Renascimento se anuncia no declínio da Idade Média.[19]

No final da Idade Média, o pensamento de Cristina de Pizan acerca das mulheres em muito se assemelha ao pensamento patriarcal brasileiro dos séculos 19 e 20. Segundo relato da escritora Júlia Lopes de Almeida (1862—1934), à época, não havia meio de os homens patriarcais brasileiros admitirem as capacidades intelectuais das mulheres, pois eles "teceram a sociedade com malhas de dois tamanhos: grandes para eles, para que os seus pecados e faltas saiam e entrem sem deixar sinais, e extremamente miudinhas para nós. [...] E o pitoresco é que nós mesmos nos convencemos disto!".[20]

Cristina de Pizan se revoltava por ter nascido mulher: "Na minha loucura, desesperava-me por Deus me ter feito nascer num corpo feminino" e estendia a sua repulsa a todas as mulheres, afirmando que era "como se a natureza tivesse gerado monstros", numa acusação a Deus.

Ao entender, no entanto, como a mulher foi criada por Deus e como é amada e capacitada por ele, que não faz acepção de pessoas, não se deixou atingir pelos pensamentos populares acerca da "imbecilidade feminina", essa fraqueza que era atribuída às mulheres e com a qual suas semelhantes se resignavam depressa demais. Destacando-se das demais escritoras, Cristina se tornou a primeira mulher a viver de sua escrita em pleno século 14.

É interessante notar como ela logo entendeu que Deus não a fez conforme a Igreja ensinava; ela sabia que tinha valor, pois fora criada à imagem e semelhança do próprio Criador. Contudo, infelizmente, ainda existem muitas mulheres resignadas, acomodadas e, o pior, crédulas em um Deus que faz acepção de pessoas.

Ela era italiana de origem, mas francesa por adoção. Nascida em Veneza, mudou-se para a França quando seu pai, o astrônomo Thomas de Pizan, foi convidado a viver na refinada corte de Carlos V, o sábio, onde Cristina passaria sua infância. Na biblioteca real, colheu os primeiros frutos do saber, e aos 15 anos, o pai lhe destinou um marido, Estevão Castel, notário e secretário real.

O casamento durou dez anos e produziu três filhos. Estevão faleceu em 1380, provavelmente em um surto epidêmico, deixando Cristina sozinha com os filhos, aos 25 anos. Logo depois, seu pai Thomas também morreu.

Cheia de dívidas, com os filhos para criar e com uma casa para sustentar, ela perde também a proteção do rei, agora Carlos VI, o louco. Nessa jornada solitária e difícil, teve de tomar as rédeas da família e se viu obrigada a mover um processo contra o tribunal de contas do Reino. Ela ganhou a causa em 1403, mas só recebeu o valor devido em 1411.

Educada e culta, fez das palavras seu ofício e retirou sua renda da poesia. Ela foi a primeira mulher a se sustentar por sua produção intelectual. A jovem se interessava por tudo, desde a organização, passando pela direção dos copistas, até o trabalho de ilustração. Foi reconhecida como escritora brilhante ainda em vida, e seu amigo João Gerson a qualificou como *Insignis femina, virilis femina*, isto é "mulher insigne, mulher viril".[21]

> Fazendo uso de todos os meios ao seu alcance — a sua cultura, o seu talento para a escrita, os livros herdados do pai, os contatos que tinha na corte — Cristina começou a escrever; dedicando as suas obras às mais elevadas personalidades do reino, assegurando assim, deste modo, a educação dos filhos e a subsistência da sua família.[22]

Fruto de intensa criatividade, sua produção percorreu quase todos os gêneros literários, incluindo obras em verso, em prosa e longas alegorias. Entre elas, consta o *Livre des Trois Vertus* [Livro das três virtudes], que foi o primeiro tratado de educação feminina escrito por uma mulher a ter divulgação. Composto à semelhança dos espelhos dos príncipes, muito popular nas cortes europeias, a autora queria que as mulheres se tornassem exemplos de virtude. Também compôs inúmeras baladas e poemas, a biografia do rei Carlos V, obras educativas para mulheres, como o *Livre de la cité des dames* [Livro da cidade das damas], assim como textos de caráter memorialístico e biográfico.

No início do século 15, Cristina se indignou com a obra *Roman de la Rose* [Romance da Rosa] escrita por João de Meung, que prenuncia a transformação do tipo literário dama cortês para o tipo mulher vilipendiada e motivo de chacota. Bem irritada com o costume dos autores de seu tempo em denegrir o sexo feminino, ela decidiu assumir a defesa das mulheres. Cristina atacou o conteúdo da obra no que se tornou a primeira polêmica literária da história ocidental e o primeiro posicionamento público de uma mulher em defesa das demais.

> Que não me acusem de desatino, de arrogância ou de presunção, *de ousar, eu, mulher* opor-me e replicar a um autor tão sutil, nem de reduzir o elogio, devido a sua obra, quando ele, único homem, ousou difamar e censurar sem exceção o sexo feminino.[23]

Essa polêmica ficou conhecida como a "Querela do Romance da Rosa", posteriormente *"Querelle des Femmes"* [Querela de mulheres], e se centralizou em dois temas essenciais: a discussão acerca do mérito feminino (a mulher era igual, inferior ou superior aos homens?) e a questão da educação feminina (elas eram capazes de aprender tão bem quanto os homens?), tendo sido motivada pelo desprezo aos valores da cortesia.

Cristina nem era capaz de acreditar que o autor da obra, escrita no século 13, tivesse conhecido mulheres nobres, como as inúmeras mulheres bíblicas e outras da história. Diríamos até que ele parece não ter conhecido mulheres em sua própria família: mães, avós, tias, irmãs. Em sua defesa, Cristina aludiu aos motivos maus que originaram os juízos distorcidos do autor e buscou argumentos para sua tese no apóstolo Paulo, em Agostinho, em Sêneca e em Aristóteles.

Em 1399, ela compôs um poema intitulado *Epístola ao deus do amor*, simbolicamente escrita por Cupido e endereçada aos amantes desleais, no qual constavam as reclamações femininas. Nele, a poetisa denuncia os falsos amantes, os clérigos que as denegriam e ataca também o *Romance da Rosa*. Ocorreram trocas de farpas de ambos os lados. Cristina, dizendo-se "mulher ignorante de entendimento", bombardeou o livro detalhadamente e invocou as mulheres célebres da Bíblia.

Seu livro mais famoso é *Livro da cidade das damas*, cuja inspiração surgiu de pensamentos tristes, quando Cristina viu penetrar em seu quarto um feixe de luz e se elevarem diante dela três damas com coroas: a dama Razão, a dama Retidão e a dama Justiça, que a consolaram em seu desespero após a leitura de obras que destratavam as mulheres. Elas possuíam atributos que as personificavam: a Razão, simbolizando a sabedoria, carrega um espelho e pede que Cristina se enxergue como é, e não como os outros a retratam. A Retidão, que simboliza o julgamento, segura um objeto de medir para que tudo em sua cidade seja feito com precisão; por fim, a Justiça carrega um recipiente de ouro que simboliza a salvação. Cristina se dispôs a escrever uma obra que enalteça as mulheres pelo que são e pelo muito que já fizeram para o reino de Deus.

LIVRO DA CIDADE DAS DAMAS

Figura 47 – Ilustração do livro Cidade das Damas[24]

Nossa cidade está aqui construída e perfeita, na qual, com grande honra, todas vocês que amam a glória, a virtude e a notoriedade, poderão hospedar-se; pois ela foi fundada e construída para todas as mulheres honradas — as do passado, do presente e as do futuro.[25]

A NARRATIVA SOBRE ESSA CIDADE-mundo criada por Cristina de Pizan foi preservada ao longo de sete séculos, podendo ser lida atualmente. A primeira leitura causa a impressão de ser algo rico, ainda que estranho. Essa é uma obra que mistura prosa e verso e remete a outros textos e ao contexto da escritora.

O livro aborda alguns temas familiares e outros nem tanto, pois apresenta uma multiplicidade de mulheres sábias, guerreiras, rainhas, escritoras, artistas, santas e profetizas que são desconhecidas por nós.

Na parte direita da imagem anterior, da obra *Cidade das Damas*, Cristina aparece engajada na construção da cidade, segurando uma espátula enquanto reboca pedras e constrói o muro externo. A Razão a ajuda levando-lhe um tijolo. Nela, a autora pode ser vista como uma intelectual e uma arquiteta ativa, alguém agraciado com a presença divina.

De acordo com um provérbio latino, Deus criou as mulheres para chorar, falar e tear. Contudo, a dama Razão apresenta os milagres que Deus realizou pelas lágrimas de muitas mulheres, entre elas Mônica, a mãe de Agostinho, o escritor de *A cidade de Deus*, cidade que engloba cristãos de todo o mundo. Enquanto, para Cristina, a sua cidade das damas seria um lugar para todas as mulheres exemplares por sua virtude, fossem cristãs, hebreias ou pagãs.

A dama Razão também declarou Cristina como sibila, aquela que profetiza coisas extraordinárias, que apenas o espírito divino poderia ditar: "eu te profetizo, como uma verdadeira sibila, que a Cidade que tu fundarás com a nossa ajuda nunca se findará na inexistência. Ela será ao contrário, sempre próspera, apesar da inveja de todos os seus inimigos, ela sofrerá vários ataques, mas nunca será tomada ou vencida".[26]

Dez séculos separam Agostinho e Cristina, o que os une é a reflexão sobre suas cidades. A de Agostinho, é a Cidade de Deus, dos cristãos de todo o mundo; e a de Cristina é a Cidade das Damas, que traz a história dos povos conhecidos, criando um lugar para todas as mulheres exemplares por suas virtudes.

Relatos afirmam que ela endereçou 381 cartas a papas, reis e líderes políticos, em sua luta pela unificação da Igreja e pacificação dos reinos. Cristina declarava ser analfabeta, consideramos que era uma autodidata, e outros afirmam que ela sabia ler em latim e italiano. Um biógrafo relata que ela sabia escrever, mas confirmou que as cartas e *O diálogo* foram ditados.

O diálogo, livro fruto de suas experiências místicas, foi impresso pela primeira vez em Bolonha, em 1472, e, depois, reeditado diversas vezes. É considerado um dos maiores testemunhos da mística cristã e contém uma exposição clara das ideias teológicas de Cristina.

Antes de falecer, com a França ainda em guerra, ela se retirou para a abadia de Saint-Louis de Poissy, abandonou a literatura profana e passou a compor somente obras de teor religioso. Nessa época, ouviu falar de uma jovem pastora chamada Joana d'Arc,[27] que inspirara a vitória dos franceses em Orleans, e, em sua homenagem, Cristina compôs *Le ditié de Jehanne D'Arc* [O canto de Joana D'Arc], em 1429, sua última obra:

> No ano mil quatrocentos e vinte e nove
> O sol voltou a brilhar
> Joana, nascida em boa hora
> Bendito seja aquele que te criou!
> Donzela anunciada por Deus
> Em que o Espírito Santo depositou
> Sua grande graça, e que teve e tem
> Toda a generosidade e grandeza.[28]

Cristina de Pizan faleceu em 1380, em Roma, com apenas 33 anos de idade. Ela foi canonizada por Pio II, em 1461, e, em 1970, Paulo VI a declarou doutora da Igreja, sendo a única leiga e uma de cinco mulheres a obter esta distinção. As outras foram Teresa de Jesus, Catarina de Siena, Teresa de Liseux e Hildegard de Bingen.

Teresa de Cartagena (1425-?)[29]

Thérèse de Carthagène ou Teresa de Cartagena y Saravia

Figura 48 – Teresa de Cartagena[30]

Se Deus é todo-poderoso e tudo no mundo é produto de sua inteligência, vontade e bondade, não há nada que possa ser considerado maior ou menor, no sentido de uma aparente ou pretensa qualidade superior. Tudo, na medida em que é produto de desígnios divinos, deve então ser avaliado em igual qualidade, pois tudo responde ao plano universal, inescrutável e misterioso de Deus.[31]

A OBRA DE TERESA MARCOU a história da literatura espanhola. Sem romper com a ortodoxia e as estruturas sociais de seu tempo, ela abordou a necessidade de dignificar as mulheres. Por meio de suas obras, angariou seguidores que defenderam bravamente o talento de uma das escritoras mais importantes da Espanha.

> Escritora, religiosa, mística... Teresa defendeu, com suas palavras e apoiada na Bíblia, que as mulheres poderiam ter as mesmas capacidades intelectuais que os homens. Uma surdez a isolou do mundo e a aproximou de Deus, criando uma obra mística de tal valor que muitas vozes se levantaram contra ela acusando-a de plágio. Os homens de seu tempo não acreditavam que a pena feminina fosse capaz de escrever como ela o fez.[32]

Teresa pertenceu à família García de Santa María de Cartagena, uma família espanhola de judeus convertidos. Seu avô Paulo de Burgos, nascido Solomon ha-Levi, fora rabino e membro de uma das mais eminentes famílias judias de Burgos, mas se converteu ao catolicismo com seus filhos por volta de 1390, pouco antes de as sangrentas perseguições contra as comunidades judaicas terem início. Ele então assumiu o nome de "Pablo de Santa Maria", tornou-se bispo de Cartagena e, depois, arcebispo de Burgos em 1415.

Por volta do ano de 1440, Teresa ingressou no Convento das Clarissas, da segunda ordem franciscana, e posteriormente se tornou cisterciense, pois queria se distanciar da hostilidade que os franciscanos direcionavam às freiras convertidas, com as quais tinha laços espirituais. Historiadores encontraram um pedido de seu tio Alfonso dirigido ao papa Nicolau V, para que ela fosse transferida a um mosteiro cisterciense. Ele também solicitou que, assim que Teresa completasse 25 anos, fosse eleita priora ou abadessa.

Entre 1453 e 1459, após uma enfermidade, Teresa desenvolveu surdez, com a qual teve de conviver grande parte de sua vida. Essa experiência lhe trouxe vocação e influenciou suas duas obras: *Arboleda de los Enfermos* [Bosque dos doentes], direcionada aos doentes físicos, e *Admiración operum Dey* [Maravilha nas obras de Deus], dirigido aos doentes espirituais.

> Quando olho para o meu sofrimento em termos temporais,
> parece muito doloroso [...] mas quando volto meu pensamento
> dessas preocupações [...] eu vejo a solidão
> que meu sofrimento [traz] [...] eu chamo bendita solidão [...]
> [que] me isola de pecados perigosos e me cerca
> com bênçãos certas [...].[33]

Assim, isolada do mundo, Teresa de Cartagena se voltou para a espiritualidade e encontrou consolo na escrita. *O bosque dos doentes*, que já citamos, é uma obra um tanto autobiográfica, na qual ela descreve suas "grandes doenças", especialmente a surdez, como provas divinas. Escrita por volta de 1480, Teresa afirma que escreveu a obra para "louvar a Deus" e para "consolar espiritualmente todos os que sofrem de doenças".

Neste exílio e desterro sombrio, Teresa se sentia mais em uma sepultura do que em uma moradia, o que a levou a pedir ao Altíssimo que a iluminasse com a lâmpada de sua piedosa graça, porque ele poderia colocar seu nome na lista daqueles que habitam nas trevas e na sombra da morte, e a luz lhes seria mostrada.

Com esse modo de pensar, sua residência se tornou boa e saudável e a tristeza foi dissipada. Sabendo que não conseguiria companhia, porque ninguém iria querer habitar em um lugar sem prazeres temporários, ela nutria a convicção de que sua habitação poderia ser povoada de bosques de bons conselhos e consolos espirituais.

A publicação de seu primeiro livro foi o pontapé inicial para que Teresa dedicasse grande parte de sua vida escrevendo sobre a liberdade das mulheres e seus direitos. Em *Bosque*, ela realizou um tratado místico acerca dos benefícios espirituais do sofrimento físico. Por acharem o livro brilhante, seus contemporâneos asseguravam que o verdadeiro autor era um homem.

Esse trabalho representa o que muitos críticos consideram o primeiro panfleto de defesa feminina escrito por uma mulher espanhola.

Sua segunda obra, *Maravilhas nas obras de Deus*, revelou o papel literário que poderia ser atribuído às mulheres. A obra se baseia no argumento de que, se Deus dotou o homem com a capacidade de escrever, ele também pode ter proporcionado o mesmo às mulheres.

Teresa não considerava as mulheres como inferiores. Antes, ela destaca sua complementaridade aos homens. No que se refere a exterior/interior, a masculinidade e a feminilidade são representadas na metáfora da crosta e do núcleo. A preeminência física do homem não significaria preeminência espiritual ou intelectual:

> O macho/casca protege a fêmea/núcleo, que, por sua vez, o nutre e fortalece. Assim como as plantas precisam de ambas as partes para sua preservação, a humanidade precisa do homem e da mulher. O núcleo deve ser protegido para cumprir sua função nutriente: no interior [das plantas/cascas] está disponível tudo o que é necessário para que o ciclo de vida continue seu curso; fora, na casca/rua está a esfera propriamente masculina, com sua função protetora e provedora de matérias-primas que o interior se encarregará de elaborar.[34]

Segundo Teresa, o fato de as mulheres não terem produzido tantas obras até então não significava que a escrita fosse mais natural para os homens do que para elas. Dessa forma, juntou-se a outras grandes escritoras medievais, como Hildegard de Bingen e Cristina de Pizan.

Suas obras foram descritas como semiautobiográficas, pois testemunharam a voz autêntica das mulheres da época, a luta por seus direitos e a tentativa de discutir a desigualdade de gênero. Até então, eram raros os escritos em que as mulheres eram as verdadeiras protagonistas e não um mero objeto complementar.

Dessa forma, Teresa impregnou seus textos com os problemas das mulheres em uma época marcada por desigualdades brutais. Seus escritos, assim como sua personalidade, permearam a literatura espanhola e a marcaram profundamente.

Numa época em que a imprensa ainda se desenvolvia, o fato de a obra de Teresa de Cartagena ter sido copiada várias vezes demonstra o interesse que despertou. Sua qualidade literária e seu conteúdo místico logo foram elogiados, mas a fama também fez com que a autoria das obras fosse questionada. Os homens que questionaram seu trabalho também a acusaram de plágio, ao que ela respondeu:

> As pessoas estão maravilhadas com o que escrevi no tratado e eu, na verdade, estou maravilhada com o que não disse. Mas, não me admiro duvidando, nem me admiro muito crendo. Pois bem, a experiência me deu a certeza e o Deus da verdade sabe que não ouvi outro Mestre nem aceitei o conselho de outro literato, nem o copiei de livros, como costumam dizer algumas pessoas com admiração maliciosa. Mas somente esta é a verdade: que o Deus das ciências, o Senhor das virtudes, o Pai das misericórdias, o Deus de toda consolação, que nos consola em todas as nossas tribulações, ele apenas me consolou, e ele apenas me ensinou, e ele apenas me leu.[35]

Teresa deixou claro em sua obra que a onipotência de Deus era a única fonte do saber humano e que esse saber estava exclusivamente relacionado a problemas sociais, porque, perante o Criador, eles detinham os mesmos méritos e estima que outras questões teológicas. O livro foi alvo de escândalo.

Com sua literatura, Teresa defendeu seus direitos e os de outras mulheres, participando da querela das mulheres, que havia sido iniciada por Cristina de Pisan, no final do século 14, e se estendeu até a Revolução Francesa, possibilitando a entrada das mulheres no mundo universitário, acadêmico e intelectual da época.

Seus dois trabalhos de reflexão teológica, escritos na metade do século 15, foram copiados por Pedro Lopes del Trigo a partir de 1481. Atualmente, esses textos estão contidos em um códice e guardados na biblioteca do Real Mosteiro de San Lorenzo de El Escorial.

Não se sabe a data em que Teresa morreu. No entanto, ela ainda vivia em 1478, pois foi listada entre os herdeiros de seu pai no inventário dele.

> Diversas mulheres foram tomadas por uma espiritualidade tão intensa que manifestaram fenômenos físicos e psíquicos. Algumas delas desejaram fugir às limitações conjugais e familiares e buscaram uma vida monástica. Outras entendiam que deveriam evitar a vida isolada, pois era no seio do mundo que se sentiam próximas de Deus.
>
> Assim, aquelas que queriam ser instrumentos privilegiados da comunicação da verdade divina afastavam a solidão e se tornavam visionárias, profetizando o que ouviam de Deus. Elas permaneceram ortodoxas e piedosas e receberam o dom de cura, da palavra profética, das lágrimas, entre outros. O despontar de uma linguagem total do corpo e da alma validou a palavra feminina, resultando na valorização das línguas vernáculas e no favorecimento da difusão da profecia divina.

Deus escreveu uma linda história por meio dessas mulheres notáveis, ainda que desconhecidas da Idade Medieval. Podemos ser muito edificados por elas, sem deixar de atentar para o contexto espiritual da época, especialmente o misticismo, que era sujeito à aprovação da Igreja Romana e que difere muito da espiritualidade atual.

As doutrinas eram obedecidas pelas mulheres, como o fazem até hoje, contudo, quando impelidas pelo Espírito Santo de Deus, não se podiam calar, nem lhe desobedecer, pois "é mais importante obedecer a Deus do que aos homens" (At 5.29).

Figura 50 – Santa Cecília tocando órgão[36]

Se a confiança em Deus arder em sua alma,
você encontrou forças para reconstruir o que
foi destruído.
Da raiz da confiança e da fé cresce a esperança,
que cura as feridas, e coisas novas florescerão em
grandeza e beleza — sustentados por pilares de fé
e pilares de esperança.[37]

PALAVRAS FINAIS

AS TEÓLOGAS, MÍSTICAS, humanitárias, espirituais ou trovadoras de Deus da Idade Média nos conduzem de volta ao ponto central de nossa fé. A esperança e o júbilo cristãos não advêm do entendimento da doutrina, por mais importantes que sejam, mas do relacionamento do fiel com seu Deus. Nessa comunhão está a compreensão de que nada neste mundo é sobre a humanidade, mas é tudo sobre Deus, o soberano do universo.

Sabemos que o processo de santificação, o exercício das disciplinas espirituais, a comunhão com Deus pela solitude, leitura bíblica, reflexão e por ouvir sua voz, é um trabalho árduo, mas que deve ser nosso anseio mais especial e profundo. Para estar submisso à vontade Deus, ser um com ele em espírito, conhecê-lo direta e pessoalmente, precisamos sentir a mesma sede do salmista pela presença divina: "*A minha alma tem sede* de Deus, do Deus vivo. Quando irei e me apresentarei diante da face de Deus?" (Sl 42.2).

Só obteremos esse conhecimento divino por meio de arrependimento, purificação e santificação. Embora o ministério do serviço ao próximo demonstre nosso amor a Deus, não podemos nos esquecer de que precisamos buscá-lo na prática da comunhão com ele. Não é possível amar a quem não conhecemos. Assim, precisamos conhecer cada vez mais a Deus, encontrando-nos todo dia com aquele que é o amado de nossa alma.

Os místicos cristãos demonstraram esse desejo de conhecê-lo e experimentá-lo. E, assim fazendo, descobriram a verdadeira fonte de força, vida e alegria. Segundo Bernardo de Claraval, "não se busca a Deus com o movimento dos pés, mas com os desejos do coração, e quando uma alma consegue a felicidade de encontrá-lo, esse desejo sagrado não é extinto, mas, pelo contrário, aumenta".[1] A união mística com Deus produz um desejo contínuo de estar perto dele. É um relacionamento sempre agradável, em que a ânsia e a satisfação se alimentam mutuamente.

Nos séculos 13 a 15, a Igreja Romana estava em seu ápice, com a maioria das práticas incorporadas do paganismo institucionalizadas na estrutura eclesiástica. De uma devoção baseada no conhecimento de Deus pelas Escrituras e no exemplo de Jesus Cristo — que foi contra a cultura e demonstrou publicamente como exercer uma religião de misericórdia e fé —, o cristianismo passou para uma religião baseada em tradições humanas e práticas não condizentes com a Palavra de Deus.

A Igreja, cuja missão deveria aproximar as pessoas de Deus, na prática, afastava os fiéis, pois os rituais e a liturgia eram realizados em latim, uma língua inacessível. Além disso, os líderes religiosos se preocupavam mais com o jogo político do que com a situação espiritual das pessoas. E alguns dos que se dedicavam ao estudo da Bíblia não viviam junto do povo, mesmo conscientes de suas lutas, necessidades e pecados, isolando-se em mosteiros. No entanto, como relatamos, muitas mulheres espirituais ensinavam às pessoas e exortavam ao clero; enquanto outras apresentavam uma ênfase espiritual que as distanciava da realidade.

Já no final da Idade Média, o caminho para a Reforma estava sendo preparado e os pré-reformadores e pré-reformadoras começavam a levantar suas vozes. No tempo preparado por Deus, o remanescente fiel desabrocharia, como de fato aconteceu e acontecerá em épocas vindouras.

Consideramos como alvo da prática cristã a edificação de todo o corpo de Cristo e o amor a todos, pois nisso somos conhecidos como discípulos de Jesus (Jo 13.35). A liberdade para o exercício de nossos dons espirituais é de extrema importância; e, principalmente, não devemos nos esquecer de nossa missão, do "ide!" de Cristo. A salvação não é por obras, privação ou sofrimento, mas somente pela fé no único caminho, verdade e vida — uma verdade que devemos anunciar. Nosso objetivo não deve ser uma vida centralizada em nós mesmos ou em nossos corpos, seja na busca por prazer ou na busca por dor, porque ninguém vive para si nem morre para si (1Co 14.7). Nós somos do Senhor!

Acerca do misticismo, bem destacado nesta obra, temos que ressaltar que o termo é vago em relação às abordagens e práticas, especialmente quando pensamos na espiritualidade de nosso tempo. Atualmente, como disciplinas espirituais, entendemos que: oração, meditação, jejum, leitura bíblica, entre outras são práticas importantes para a manutenção da comunhão com Deus.

Por isso, muitas práticas medievais nos parecem radicais e estranhas. Porém, se são experiências pessoais e não práticas estabelecidas por instituições humanas, ficamos sem palavras para confrontá-las, assim como as místicas ao vivenciarem seus êxtases ficavam desconcertadas, chorando, gritando e buscando explicação divina para o que experimentavam.

Os místicos chegaram a ser encorajados pela Igreja, por enfatizarem a devoção, os sonhos, as visões e outras formas de revelação. Além de Bernardo de Claraval, outro nome de destaque é Tomás de Kempis (1380—1471), místico alemão que escreveu *Imitação de Cristo*, um dos livros devocionais mais lidos no mundo, no qual ele apresenta a possibilidade real de comunhão com Deus.

O misticismo da época ocorreu em reação a uma ortodoxia morta, à frieza espiritual, a cultos estéreis que não alimentavam a alma. Em nossos dias, o cuidado a se tomar é o de não desviar nossa atenção das práticas de cuidado ao próximo, evangelização e leitura bíblica, nas quais encontraremos as verdadeiras disciplinas espirituais, da forma como Cristo as realizou e ensinou.

> Por isso, é possível afirmar que espiritualidade cristã não teme as crises nem o lado obscuro da vida. Antes, assume-as porque sabe que seu Redentor vive. Tal espiritualidade resiste às tempestades e ao caos. Redime, consola, frutifica, expande-se, transforma e cala fundo nas pessoas que se abrem para a *noite escura,* em que se escondem tristeza, frustração, desengano, covardia. Só assim compreendemos o que o apóstolo Paulo aprendeu em sua experiência espiritual como discípulo de Jesus: "Pelo que sinto prazer nas fraquezas, nas injúrias, nas necessidades, nas perseguições, nas angústias por amor de Cristo. Porque quando sou fraco, então é que sou forte" (2Co 12.10).[2]

Devemos estar conscientes de que Deus preserva seu remanescente fiel em qualquer tempo e lugar, e o que importa é primeiramente lhe obedecer. A verdade bíblica deve ser pregada em detrimento de tudo o mais, com a confiança de que sempre haverá uma restauração para a Igreja, ainda que ela pareça morta.

Podemos aprender muito com a situação da Igreja na Idade Medieval. No entanto, em relação aos nossos dias, o que devemos fazer com esse aprendizado? Precisamos cuidar de nossa vida devocional e desenvolvê-la com sinceridade. A nossa comunhão com Deus deve estar refletida em nossa prática social, seja no lar, na igreja ou no trabalho.

Quando as mulheres resgatarem a sua feminilidade e espiritualidade, e os homens a sua hombridade e comunhão intensa com Deus, a unidade no corpo de Cristo será possível e resultará no crescimento do seu reino. A relação de competição entre os sexos produz uma igreja imperfeita que se torna totalmente humana, sem a mediação tão necessária do Espírito Santo e a unidade desejada por Cristo. A firmeza e a ternura sempre devem caminhar juntas:

> O convite feito aos homens é o de seguir o exemplo de Cristo, que se permitiu chorar, reclinou a cabeça no peito de João, acolheu as crianças e estabeleceu um diálogo profundo com as mulheres. Eles assim irão descobrir e desfrutar de um lado muito precioso de suas personalidades que inclui criatividade, poesia e ternura, bem como propicia o desenvolvimento de um vínculo mais profundo e mais íntimo com o nosso Criador e Salvador.[3]

Devemos e podemos conhecer mais ao nosso supremo Deus, como nos aconselham diversos textos das Escrituras: "Conheçamos e prossigamos em conhecer o Senhor! Como o amanhecer, a sua vinda é certa; ele descerá sobre nós como a chuva, como chuva fora de época que rega a terra" (Os 6.3).

É tempo de olharmos para a Igreja medieval e clamarmos: "Aviva tua obra Senhor!". É tempo de entendermos que podemos contribuir para a glória de Deus fortificados na Palavra e comprometidos com o seu reino. Que ele nos abençoe. Amém!

NOTAS

Epígrafe

[1] Iluminura de Cristina de Pisan escrevendo. Disponível em: https://www.nationalgeographic.com/history/history-magazine/article/single-working-mom-europe-first-professional-woman-writer. Acesso em: 27 dez. 2022.

[2] CIRLOT, Victoria; GARI, Blanca *apud* NOGUEIRA, Maria Simone Marinho. Mística feminina – Escrita e transgressão. *Revista Graphos*, v. 17, n. 2, 2015 - UFPB/PPGL. Disponível em: https://periodicos.ufpb.br/index.php/graphos/article/view/27290/14647. Acesso em: 11 dez. 2022.

Palavras iniciais

[1] FINKE, Enrique. *La mujer em la edad media.* Tradução do alemão por Ramon Carande. Madrid: Revista de Occidente, 1926, p. 76.

[2] Ou seja, pertencente à ordem de Cister, fundada na França, no início do século 11. Trata-se de uma ordem monástica beneditina.

[3] MACEDO, José Rivair. *A mulher na Idade média*: a mulher e a família. Realidades sociais e atividades profissionais. Exclusão, preconceito e marginalidade. 5. ed. São Paulo: Contexto, 2002, p. 33.

[4] LE GOFF, Jacques; TRUONG, Nicolas. Uma história do corpo na Idade Média, 2006, p. 12-13 *apud* BROCHADO, Cláudia Costa; DEPLAGNE. Luciana Costa (orgs.). *Vozes de mulheres da Idade Média.* João Pessoa: UFPB, 2018, p. 56. Disponível em: https://

www.editora.ufpb.br/sistema/press5/index.php/UFPB/catalog/
view/464/524/2968-1 Acesso em: 20 jul. 2022.

[5] Anacoreta: Pessoa que se afastava do convívio humano e vivia uma
vida solitária, de contemplação e penitências. Geralmente dedicava-
-se à oração, ao aconselhamento e à produção de textos litúrgicos.

Capítulo 1

[1] Disponível em: https://en.wikipedia.org/wiki/File:Sandro_Botticelli
_-_Idealized_Portrait_of_a_Lady_(Portrait_of_Simonetta_Vespucci
_as_Nymph)_-_Google_Art_Project.jpg Acesso em: 20 jul. 2022.

[2] Disponível em: https://commons.wikimedia.org/wiki/File:Der-
Winter-Giuseppe-Gambarini.jpg Acesso em: 20 jul. 2022.

[3] SANTOS, Georgia M. de Castro. *A roupa, a moda e a mulher na
Europa Ocidental Medieval*. Dissertação para a obtenção do grau de
mestre em Arte Contemporânea. Universidade de Brasília. Instituto
de Artes, 2006, p. 59.

[4] BURNS, Edward McNall. *História da civilização ocidental*. 24. ed.
Trad. Lourival Gomes Machado e outros. Porto Alegre: Globo, 1981,
v. 1; NEVES, Daniel. *Alta Idade Média*. Disponível em: https://
brasilescola.uol.com.br/historiag/alta-idade-media.htm. Acesso em:
22 julho 2022; MACDONALD, Fiona. *O cotidiano europeu na Idade
Média*. São Paulo: Melhoramentos, 1995; MACEDO, José Rivair
de. *A face das filhas de Eva:* os cuidados com a aparência num manual
de beleza do século XIII. Disponível em: https://docplayer.com.br/
9789213-A-face-das-filhas-de-eva-os-cuidados-com-a-aparencia-num-
-manual-de-beleza-do-seculo-xiii-jose-rivair-macedo.html. Acesso em:
20 jul. 2022; MUIRHEAD, H. H. *O cristianismo através dos séculos*. 4.
ed. Rio de Janeiro: Casa Publicadora Batista, 1959, v. 1.

[5] MACDONALD, Fiona. *Op. cit*. Detalhe da capa.

[6] NEVES, Daniel. *Alta Idade Média*. Disponível em: https://brasi-
lescola.uol.com.br/historiag/alta-idade-media.htm. Acesso em: 22
julho 2022.

[7] MACDONALD, Fiona. *Op. cit.*, p. 10.

[8] BURNS, Edward McNall. *Op. cit.*, v. 1. p. 270.

⁹ MACDONALD, Fiona. *Op. cit.*, p. 44.

¹⁰ BURNS, Edwards. *Op. cit*, v. 1, p. 317.

¹¹ A palavra batismo encontra raízes no latim tardio como *baptismus,* sendo adaptada do grego *baptismós.* Para os ortodoxos, o simbolismo envolvido é indispensável, pois o batismo significa um enterro místico e uma mística ressurreição com Cristo (Rm 6.4-5). O simbolismo requer que o candidato seja imerso ou "enterrado" nas águas do batismo, e então "ressuscitado" das águas.

¹² Documentta Catholica. *Sermão do Papa Urbano II.* p. 5. Disponível em: https://traditioncatholic.files.wordpress.com/2016/03/ser-mc3a3o-do-papa-urbano-ii.pdf. Acesso em: 16 nov. 2022.

¹³ BETTENSON, Henry. *Documentos da Igreja Cristã*. Trad. Helmuth Alfredo Simon. 3. ed. São Paulo: ASTE, 1998, p. 192-194. Grifos nossos.

¹⁴ ROPS, Daniel. *Igreja das catedrais e das cruzadas*. Trad. Emérico da Gama. São Paulo: Quadrante, 1993, p. 114.

¹⁵ CIRLOT, Victoria; GARI, Blanca apud NOGUEIRA, Maria Simone Marinho. Mística feminina – Escrita e Transgressão. *Revista Graphos*, v. 17, n. 2, 2015 - UFPB/PPGL. Disponível em: https://periodicos.ufpb.br/index.php/graphos/article/view/27290/14647. Acesso em: 11 dez. 2022; MACEDO, José Rivair. *A mulher na Idade Média*. A mulher e a família, realidades sociais e atividades profissionais, exclusão, preconceito e marginalidade. 5. ed. São Paulo: Contexto, 2002; MACEDO, José Rivair. *A face das filhas de Eva.* Os cuidados com a aparência num manual de beleza do século XIII. Disponível em: https://docplayer.com.br/9789213-A-face-das-filhas-de-eva-os-cuidados-com-a-aparencia-num-manual-de-beleza-do-seculo-xiii-jose-rivair-macedo.html. Acesso em: 20 jul. 2022; MACDONALD. Fiona. *O cotidiano europeu na Idade Média*. Trad. Aulyde Soares Rodrigues. São Paulo: Melhoramentos, 1995; SANTOS, Georgia M. de Castro. *A roupa, a moda e a mulher na Europa Ocidental Medieval.* Reflexão da opressão sofrida pela mulher na Idade Média (século XI-XV). Dissertação de mestrado em Teoria e História da Arte. Universidade de Brasília. 2006. Disponível em: https://repositorio.unb.br/

bitstream/10482/6433/1/2006_GeorgiaMariadeCastro_Arte.pdf. Acesso em: 16 dez. 2022; YALOM, Marilyn. *A história da esposa:* da Virgem Maria a Madonna. O papel da mulher casada dos tempos bíblicos até hoje. Trad. Priscilla Coutinho. Rio de Janeiro: Ediouro, 2002.

[16] Disponível em: https://classicosdosclassicos.mus.br/obras/schubert-gretchen-am-spinnrade-gretchen-a-roca-de-fiar/. Acesso em: 13. dez. 2022.

[17] MACEDO, José Rivair. *A mulher na Idade Média,* p. 10.

[18] SANTOS, Georgia M. de Castro. *Op. cit.*, p. 59.

[19] MACEDO, José Rivair. *A mulher na Idade Média*, p. 28

[20] Odon de Cluny, Dalarun, 1993, p. 35 *apud* MACEDO, José Rivair de. *A face das filhas de Eva,* p. 3.

[21] FINKE, Enrique. *Op. cit.*, p. 49.

[22] DALARUN, Jacques. *Olhares de Clérigos.* In: DUBY, Georges; PERROT, Michelle (dir.), v. 2. A Idade Média. Porto: Afrontamento, 1990, p. 35.

[23] UNDSET, Sigrid. *Catarina de Sena.* Trad. Basílio Lopes. Lisboa: Aster, [*s. d.*], p. 7. Obs.: O Filho do Homem era filho de uma mulher, não podia ser diferente.

[24] FLEISCHER, Manfred P. *Are Women Human?*, p. 107-198 *apud* DOUGLAS, Jane Dempsey. *Mulheres, liberdade e Calvino.* O ministério feminino na perspectiva calvinista. Trad. Américo J. Ribeiro. Venda Nova: Didaquê, 1985, p. 79. Trecho de um debate ocorrido em 1595 entre Valens Acidalius e Simon Gediccus.

[25] YALOM, Marylin. *Op. cit*, p. 74.

[26] *Ibidem*, p. 20-21.

[27] De origem indiana, em linguagem sânscrita, é a legislação dos hindus e estabelece o sistema de castas daquela sociedade.

[28] FINKE, Enrique. *Op. cit.*, p. 18.

[29] YALOM, Marilyn. *A história da esposa:* da Virgem Maria a Madonna. O papel da mulher casada dos tempos bíblicos até hoje. Trad. Priscilla Coutinho. Rio de Janeiro: Ediouro, 2002, p. 75.

[30] WEMPLE, Suzanne Fonay. As mulheres do século V ao século X. *In*: DUBY, Georges; PERROT, Michelle (dir.). *Op. cit.*, v. 2, p. 234.

31 MACEDO, José Rivair. *A mulher na Idade Média*, p. 69.

32 OLIVEIRA, Andréa. *Penteados:* da antiguidade aos dias atuais. Disponível em: https://www.cpt.com.br/artigos/penteados-da-antiguidade-aos-dias-atuais. Acesso em: 11 dez. 2022.

33 DUBY, Georges; PERROT, Michelle (dir.). *História das mulheres no Ocidente,* v. 2, A Idade Média, p. 199.

34 OLIVEIRA, Andréa. *Op. cit.* Disponível em: https://www.cpt.com.br/artigos/penteados-da-antiguidade-aos-dias-atuais. Acesso em: 11 dez. 2022.

35 SANTOS, Georgia M. de Castro. *Op. cit.*, p. 113.

36 RUELLE, Pierre (org.) *Ornatus mulierum.* Texte anglo-normand du XIII siécle (Université Libre de Bruxelles), Tomo XXXVI *apud* MACEDO, José Rivair. *A mulher na Idade Média,* p. 74.

37 HUGHES, Diane Owen. As modas femininas e o seu controle. *In*: DUBY, George; PERROT, Michelle. *História das mulheres no Ocidente.* Porto: Afrontamento, 1990, v. 2 – A Idade Média, p. 195-196.

38 Geofrey Chaucer (1340–1400) foi escritor, filósofo e diplomata inglês. Sua obra *Contos da Cantuária* o tornou famoso, pois foi considerado um dos mais renomados textos da literatura inglesa medieval.

39 HUGHES, Diane Owen. As modas femininas e o seu controle. *In*: DUBY, Georges; PERROT, Michelle. *História das mulheres.* A Idade Média. Porto: Afrontamento, v. 2, p. 197.

40 Disponível em: https://sites.nd.edu/manuscript-studies/2022/02/02/medieval-women-you-should-know/. Acesso em: 13 dez. 2022.

41 WEMPLE, Suzanne Fonay. As mulheres do século V ao século X. *In*: DUBY, Georges; PERROT, Michelle. *História das mulheres.* A Idade Média. Porto: Afrontamento, v. 2, p. 244.

42 FINKE, Enrique. *Op. cit.*, p. 141.

43 Fonte: RODRIGUES, Aulyde Soares (Trad.) *Cotidiano europeu na Idade Média.* Povos do passado. São Paulo: Melhoramentos, 1984; BODO, Fabio. *A alimentação e a culinária medieval.* 2 mai. 2010. Disponível em: https://academia.edu/18696696/A_alimentacao_e_a_Culinaria_Medieval. Acesso em: 5 dez. 2022.

[44] BODO, Fabio. *A alimentação e a culinária medieval.* 2 mai. 2010. Disponível em: https://acade,oa;edi/18696696/A_alimentacao_e_a_Culinaria_Medieval?email_work_card+view-paper. Acesso em: 5 dez. 2022.

[45] BOLDO, Fabio. *Op. cit.* Disponível em: https://academia.edu/18696696/A_alimentação_e_a_Culinária_Medieval?email_work_card=view-paper. Acesso em: 5 dez. 2022.

[46] BINGEN, Hildegarda. *Physica.* Trad. Priscilla Throop. Rochester: Healing Arts Press, 1998 *apud* ESTEVAM, Maria Terezinha. *Um estudo sobre o Physica, de Hildegarda de Bingen:* as virtudes curativas de algumas plantas. Mestrado em História da Ciência. São Paulo, 2020. Disponível em: https://sapientia.pucsp.br/bitstream/handle/23931/1/Maria%20Terezinha%20Estevam.pdf. Acesso em: 12 out. 2022.

Capítulo 2

[1] Disponível em: https://www.travellerspoint.com/photos/stream/photoID/5653042/features/countries/France/. Acesso em: 31 jul. 2022.

[2] Disponível em: http://www.ub.edu/duoda/bvid/text.php?doc=-Duoda:text:2013.07.0001 Acesso em: 16 dez. 2022.

[3] NUNES, 1995, p. 140 *apud* VIANA, Ana Paula dos Santos; OLIVEIRA, Terezinha. *A fidelidade no manual de Dhuoda.* Universidade Estadual de Maringá. Seminário de Pesquisa do PPE. 12 a 14 de junho de 2013. Disponível em: http://www.ppe.uem.br/publicacoes/seminario_ppe_2013/trabalhos/co_05/142.pdf. Acesso em: 5 ago. 2022.

[4] Fonte: BURNS, Edward McNall. *História da Civilização Ocidental.* 23. ed. Trad. Lourival Gomes Machado e outros. Porto Alegre: Globo, v. 1, 1981.

[5] *Ibidem*, p. 269.

[6] Muitos consideram o imperador Constantino como aquele que promoveu o cristianismo como religião oficial de Roma.

[7] COSTA, Ricardo da. *A dor da perda.* As mulheres e o luto na História. Disponível em: https://www.ricardocosta.com/artigo/dor-

da-perda-mulheres-e-o-luto-na-historia. Acesso em: 2 mar. 2022; DUFAUR, Luís. Santa Clotilde rainha e o milagre da conversão da França. *Orações e milagres medievais*. 2 ago. 2015. Disponível em: https://oracoesemilagresmedievais.blogspot.com/2015/08/santa-clotilde-rainha-e-o-milagre-da.html. Acesso em: 2 mar. 2022; VIANA, Ana Paula dos Santos; OLIVEIRA, Terezinha. *A fidelidade no manual de Dhuoda*. Universidade Estadual de Maringá. Seminário de Pesquisa do PPE. 12 a 14 de junho de 2013. Disponível em: http://www.ppe.uem.br/publicacoes/seminario_ppe_2013/trabalhos/co_05/142.pdf. Acesso em: 5 ago. 2022; MATOS, Maria Teresa Ribeiro. Santa Clotilde: Vuestra fe es nuestra victoria. *Heraldos del Evangelio*, n. 227, jun. 2022. Disponível em: https://revistacatolica.org/santa-clotilde-vuestra-fe-es-nuestra-victoria/. Acesso em: 30 jul. 2022.

[8] Disponível em: https://lij.wikipedia.org/wiki/3_z%C3%BBgno#/media/Immaggine:Vitrail_Florac_010609_12.jpg. Acesso em: 13 dez. 2022.

[9] BURNS, Edward McNall. *Op. cit.*

[10] Ariano: seguidor das doutrinas do herético Ário, (250–336), sacerdote de Alexandria que negava que as três Pessoas da Trindade são absolutamente iguais quanto à natureza e coeternas. A heresia ariana alastrou-se por quase todo o mundo já cristianizado da época. Ela foi condenada pelo Concílio de Nicéa I (325) e por vários outros concílios.

[11] Dicionário Edelwives, tomo III, p. 348 *apud* DUFAUR, Luís. Santa Clotilde rainha e o milagre da conversão da França. *Orações e milagres medievais*. 2 de ago. 2015. Disponível em: https://oracoesemilagresmedievais.blogspot.com/2015/08/santa-clotilde-rainha-e-o-milagre-da.html. Acesso em: 2 mar. 2022.

[12] História dos Francos, II, p. 20 *apud* COSTA, Ricardo da. *A dor da perda*. As mulheres e o luto na História. Disponível em: https://www.ricardocosta.com/artigo/dor-da-perda-mulheres-e-o-luto-na--historia. Acesso em: 2 mar. 2022.

[13] *Loc. cit.*

[14] GREGORII EPISCOPI TURONENSIS II, 29, *apud* MAMEDES, Kelly Cristina da C. B. de Menezes; CRUZ, Marcus. O poder das mulheres e a construção da memória na Antiguidade Tardia. *Revista Mundo Antigo*, ano III, v. 3, n. 6, dez. 2014, p. 44. Disponível em: http://www.nehmaat.uff.br/revista/2014-2/artigo01-2014-2.pdf. Acesso em: 2 mar. 2022.

[15] Também podemos interpretar tal obrigação como continuação da antiga tática romana de incorporação de cultos e rituais de outros povos.

[16] CRUZ, Marcus Silva. Religiosidade tardo antiga e cristianização do Império Romano. *Fronteiras*, v. 12, n. 21, 2010, p. 29. Disponível em: https://ojs.ufgd.edu.br/index.php/FRONTEIRAS/article/view/594. Acesso em: 15 set. 2014.

[17] DUFAUR, Luis. Santa Clotilde rainha e o milagre da conversão da França. *Orações e milagres medievais*. Domingo, 2 de agosto de 2015. Disponível em: https://oracoesemilagresmedievais.blogspot.com/2015/08/santa-clotilde-rainha-e-o-milagre-da.html. Acesso em: 2 mar. 2022.

[18] CASA, M. Cristina Salas. *La comtessa Duoda i la seva època reflectides al Liber Manualis.* Trabalho de conclusão de curso. Universitat Oberta de Catalunya, 2015. Disponível em: https://openaccess.uoc.edu/bitstream/10609/44001/6/csalacTFG0215mem%c3%b2ria.pdf. Acesso em: 7 mar. 2022; COSTA, Marcos Roberto Nunes; COSTA, Rafael Ferreira. *Mulheres intelectuais na Idade Média.* Entre a Medicina, a História, a Poesia, a Dramaturgia, a Filosofia, a Teologia e a Mística, p. 33-38. Porto Alegre: FI, 2009. Disponível em: https://drive.google.com/file/d/1OlSh3Q_LNkKRlSoJLLu-Q9EM4B1abFaTz/view. Acesso em: 2 de nov. 2021; OLIVEIRA, Terezinha; VIANA, Ana Paula dos Santos. Um estudo da mulher no processo educativo medieval do século IX: reflexões sobre o manual de Dhuoda. *Revista de Ciências Humanas*, Florianópolis, v. 52, 2018. Disponível em: https://periodicos.ufsc.br/index.php/revistacfh/article/view/2178-4582.2018.e55140/40085. Acesso em: 7 mar. 2022. Obs.: Como os nomes das personagens possuem grafias

diferentes, devido à língua no qual foi escrito, adotaremos a grafia Duoda.

19 Disponível em: https://commons.wikimedia.org/wiki/File:Carrer_ de_Duoda_(Barcelona).jpg. Acesso em: 13 dez. 2022.

20 CASA, M. Cristina Salas. *Op. Cit.*, p. 3. Disponível em: https:// openaccess.uoc.edu/bitstream/10609/44001/6/csalacTFG-0215mem%c3%b2ria.pdf. Acesso em: 20 dez. 2021. Trad. livre.

21 Região do sudoeste da França.

22 SEPTIMANIA, Dhuoda. *Liber manualis apud* BARBOSA, 2003, p. 20 *apud* COSTA, Marcos Roberto Nunes; COSTA, Rafael Ferreira. *Op. cit.*, p. 34. Disponível em: https://drive.google.com/file/ d/1OlSh3Q_LNkKRlSoJLLuQ9EM4B1abFaTz/view. Acesso em: 2 nov. 2021.

23 SEPTIMANIA, Dhuoda de. *Liber manualis*, Prologo, I, 21 *apud* COSTA, Marcos Roberto Nunes; COSTA, Rafael Ferreira. *Op. cit.*, p. 35. Disponível em: https://drive.google.com/file/d/1OlSh3Q_ LNkKRlSoJLLuQ9EM4B1abFaTz/view. Acesso em: 2 nov. 2021.

24 SEPTIMANIA, Dhuoda de. Liber manualis *apud* COSTA, Marcos Roberto Nunes; COSTA, Rafael Ferreira. *Op. cit.*, p. 34. Disponível em: http://editora fi.org. Acesso em: 2 nov. 2021.

25 SEPTIMANIA, Dhuoda de. Manual II, 3 *apud* MACEDO, Diana Arauz. 2005, p. 203 *apud* COSTA, Marcos Roberto Nunes; COSTA, Rafael Ferreira. *Op. cit.*, p. 34. Disponível em: http://editora fi.org. Acesso em: 2 nov. 2021.

26 Jean Mabillon (1632–1707) foi um monge beneditino, erudito e historiador francês. É considerado o fundador da Paleografia e da Diplomática, disciplinas auxiliares da História.

27 NUNES, Ruy Afonso da Costa. *O dever de fidelidade no manual de Dhuoda*, p. 125-26 *apud* COSTA, Marcos Roberto Nunes; COSTA, Rafael Ferreira, *op. cit.*, p. 37. Disponível em: https://drive.google. com/file/d/1OlSh3Q_LNkKRlSoJLLuQ9EM4B1abFaTz/view. Acesso em: 2 nov. 2021.

28 COSTA, Marcos Roberto Nunes; COSTA, Rafael Ferreira. *Op. cit.*, p. 38. Disponível em: https://drive.google.com/file/d/

1OlSh3Q_LNkKRlSoJLLuQ9EM4B1abFaTz/view. Acesso em: 2 nov. 2021.

29 OLIVEIRA, Terezinha; VIANA, Ana Paula dos Santos. Um estudo da mulher no processo educativo medieval do século IX: reflexões sobre o Manual de Dhuoda. *Revista de Ciências Humanas.* Florianópolis, v. 52, 2018. Disponível em: https://periodicos.ufsc.br/index.php/revistacfh/article/view/2178-4582.2018.e55140/40085. Acesso em: 7 mar. 2022.

30 *Ibidem.* Disponível em: https://periodicos.ufsc.br/index.php/revistacfh/article/view/2178-4582.2018.e55140/40085. Acesso em: 7 mar. 2022.

31 FINKE, Enrique. *Op. cit.*, p. 54-56; MIATELLO, André Luís Pereira. A literatura mística feminina e a escrita da História na Baixa Idade Média ocidental: entre biografia, memória e relato social. *História da Historiografia*, v. 13, n. 33, p. 163-195, 2021. Disponível em: redalyc.org/journal/5977/597769896007/html/. Acesso em: 27 set. 2022; COSTA, Marcos Roberto Nunes; COSTA, Rafael Ferreira. *Mulheres intelectuais na Idade Média.* Entre a Medicina, a História, a Poesia, a Dramaturgia, a Filosofia, a Teologia e a Mística. Porto Alegre: FI, 2019, p. 39. Disponível em: https://drive.google.com/file/d/1OlSh3Q_LNkKRlSoJLLuQ9EM4B1abFaTz/view. Acesso em: 2 nov. 2021; DEPLAGNE, Luciana Calado (org.). *Vozes de Mulheres da Idade Média.* João Pessoa: UFP, 2018. Disponível em: https://wp.ufpel.edu.br/clhd/2021/06/24/livro-com-acesso-gratuito-vozes-de-mulheres-da-idade-media/. Acesso em: 20 jul. 2022.

32 Disponível em: https://pt.wikipedia.org/wiki/Rosvita_de_Gandersheim#/media/Ficheiro:Roswitha_of_Gandersheim.jpg. Acesso em: 13 dez. 2022.

33 DIAS, Luciana da Costa. *O teatro e a mulher na obra de Rosvita de Gandersheim.* In: BROCHADO, Cláudia Costa; DEPLAGNE, Luciana Calado (org.). *Vozes de Mulheres da Idade Média.* João Pessoa: UFP, 2018, p. 45. Disponível em: https://wp.ufpel.edu.br/clhd/2021/06/24/livro-com-acesso-gratuito-vozes-de-mulheres-da-idade-media/. Acesso em: 20 jul. 2022.

34 Terêncio (?185-159 a.C.) foi um poeta e dramaturgo romano que se tornou popular na Idade Média e na Renascença.

35 Segundo o *Houaiss*, espaços onde os livros manuscritos eram produzidos na Europa durante a Idade Média.

36 MIATELLO, André Luís Pereira. A literatura mística feminina e a escrita da História na Baixa Idade Média ocidental: entre biografia, memória e relato social. *História da historiografia*, v. 13, n. 33, p. 163-195, 2021. Disponível em: https://www.historiadahistoriografia.com.br/revista/article/view/1519. Acesso em: 27 set. 2022.

37 COSTA, Marcos Roberto Nunes; COSTA, Rafael Ferreira. *Op. cit.*, 2019, p. 39. Disponível em: https://drive.google.com/file/d/1OlSh3Q_LNkKRlSoJLLuQ9EM4B1abFaTz/view. Acesso em: 2 nov. 2021.

38 COSTA, Marcos Roberto Nunes; COSTA, Rafael Ferreira. *Op. cit.*, p. 44. Disponível em: https://drive.google.com/file/d/1OlSh3Q_LNkKRlSoJLLuQ9EM4B1abFaTz/view. Acesso em: 2 nov. 2021.

39 Margot Berthold *apud* Luciana da Costa. O teatro e a mulher na obra de Rosvita de Gandersheim. p. 46. *In*: BROCHADO, Cláudia Costa; DEPLAGNE, Luciana Calado (org.). *Op. cit.*, p. 45. Disponível em: https://wp.ufpel.edu.br/clhd/2021/06/24/livro-com-acesso-gratuito-vozes-de-mulheres-da-idade-media/. Acesso em: 20 jul. 2022.

40 Abordar temas proibidos ou tabus os transformando em dramas ou comédias jocosas é um recurso semelhante ao usado pela rainha Margarida de Navarra, na época da Reforma. Margarida narra as imoralidades da corte francesa em seu *Heptameron,* obra inspirada no *Decameron* de Bocaccio, e inclui nos seus escritos aplicações morais à luz da Bíblia.

41 LUAND, 1986, p. 31 *apud* COSTA, Marcos Roberto Nunes; COSTA, Rafael Ferreira; *Op. cit.*, p. 43. Disponível em: https://drive.google.com/file/d/1OlSh3Q_LNkKRlSoJLLuQ9EM4B1abFaTz/view. Acesso em: 2 nov. 2021.

42 BROCHADO, Cláudia Costa; DEPLAGNE, Luciana Calado (org.). *Op. cit.*, p. 48. Disponível em: https://wp.ufpel.edu.

br/clhd/2021/06/24/livro-com-acesso-gratuito-vozes-de-mulheres-da-idade-media/. Acesso em: 20 jul. 2022.

[43] MIATELLO, André Luís Pereira. *Op. cit.* Disponível em: https://www.historiadahistoriografia.com.br/revista/article/view/1519. Acesso em: 27 set. 2022.

[44] COSTA, Marcos Roberto Nunes; COSTA, Rafael Ferreira. *Op. cit.*, p. 44. Disponível em: https://drive.google.com/file/d/1OlSh3Q_LNkKRlSoJLLuQ9EM4B1abFaTz/view. Acesso em: 2 nov. 2021.

Capítulo 3

[1] Disponível em: https://commons.wikimedia.org/wiki/File:Aarschot_Begijnhof6.JPG. Acesso em: 29 dez. 2022.

[2] Disponível em: https://www.alejandradeargos.com/index.php/en/artp/509-tears-in-van-der-weyden-s-deposition-of-christ. Acesso em: 16 dez. 2022.

[3] RUTEBEUF, *Ouvres completes.* Tomo I, ed. Michel Zink, Classiques Garnier, Bordas, 1989, p. 239, *apud* RÉGNIER-BOHLER, Danielle. *Op. cit.*, *In*: DUBY, Georges; PERROT, Michelle. *Op. cit.*, p. 567.

[4] NUNES, Fernanda Cardoso e outras. Por uma genealogia feminina da mística medieval: estudo sobre duas precursoras da literatura inglesa, Juliana de Norwich e Margery Kempe. *In*: BROCHADO, Cláudia Costa; DEPLAGNE. Luciana Calado (orgs.). *Op. cit.* Disponível em: http://www.editora.ufpb.br/sistema/press5/index.php/UFPB/catalog/book/464. Acesso em: 20 jul. 2022; MARIANI, Ceci Maria Costa Baptista. Mística, teologia e poesia na voz de mulheres: o protagonismo feminino na mística medieval. *Pistis Praxis,* [*S. l.*] , v. 13, ed. espec. Hermenêuticas do Feminino, p. 169-188, 2021, p. 175. Disponível em: https://periodicos.pucpr.br/pistispraxis/article/view/27685. Acesso em: 16 nov. 2022.

[5] VANNINI, Marco. Entrevista concedida a Moisés Shardelotto. IHU On-Line. Disponível em: https://www.ihu.unisinos.br/categorias/159-entrevistas/505105-a-experiencia-do-espirito-vai-muito-alem-das-distincoes-espaco-temporais-e-de-genero-entrevista-especial-com-marco-vannini. Acesso em: 06 dez. 2022;

WILLIAMS, Terri. A espiritualidade do misticismo. *In*: PIERATT, Alan B. (org.) *Chamado para servir*. Ensaios em homenagem a Russel P. Shedd. Trad. Valéria Fontana e outros. São Paulo: Vida Nova, 1994, p. 239-250.

[6] Disponível em: https://historiahoy.com.ar/119969-hildegard-von-bingen-la-sibila-del-rin/. Acesso em: 14 dez. 2022.

[7] BOEHN, Max von. *La moda*. Historia del traje em Europa. Tomo primero. Barcelona e outras: Salvat Editores, 1951, p. 111.

[8] VANNINI, Marco. Op. cit. Disponível em: https://www.ihu.unisinos.br/categorias/159-entrevistas/505105-a-experiencia-do-espirito-vai-muito-alem-das-distincoes-espaco-temporais-e-de-genero-entrevista-especial-com-marco-vannini. Acesso em: 6 dez. 2022.

[9] MARIANI, Ceci Maria Costa Baptista. Mística, teologia e poesia na voz de mulheres: o protagonismo feminino na mística medieval, *Pistis Praxis,* [*S. l.*], v. 13, 2021, p. 175. Disponível em: https://periodicos.pucpr.br/pistispraxis/article/view/27685. Acesso em: 16 nov. 2022.

[10] Mestre Eckart (1260–1328) foi um frade dominicano alemão, reconhecido por sua obra como teólogo, filósofo e místico. Ele esteve presente em Paris no processo contra a mística e escritora Marguerite Porete (1250–1310), e utilizou amplamente a sua obra, embora não pudesse citar a autora, que fora queimada como herege. Para saber mais sobre Porete, consulte: ALMEIDA, Rute Salviano. *Mártires cristãs*. Rio de Janeiro: Thomas Nelson Brasil, 2022.

[11] McGinn *apud* MIATELLO, André Luís Pereira. *Op. cit.* Disponível em: https://www.historiadahistoriografia.com.br/revista/article/view/1519/892https://doi.org/10.15848/hh.v13i33.1519. Acesso em: 27 set. 2022.

[12] CLARAVAL, Bernardo de. *Sobre o amor a Deus*, X. 27 *apud* WILLIAMS, Terri. *Op. cit.*, p. 245.

[13] *Ibidem*, p. 115.

[14] Paul Tillich *apud* BROCHADO, Cláudia Costa; DEPLAGNE, Luciana Calado. *Op. cit.* Disponível em: https://wp.ufpel.edu.br/

clhd/2021/06/24/livro-com-acesso-gratuito-vozes-de-mulheres-da-idade-media/. Acesso em: 20 jul. 2022.

[15] BRAUNSTEIN, Philippe. Abordagens da intimidade nos séculos XIV-XV, p. 526-626. *In*: Ariès, Philippe; DUBBY, Georges. História da Vida Privada. v. 2 - Da Europa feudal à Renascença. 6. Imp. Trad. Maria Lúcia Machado. São Paulo: Companhia das Letras, 1994, p. 606.

[16] Segundo o historiador contemporâneo Marco Vannini, não existe mística feminina, assim como não existe matemática feminina.

[17] NICOLETTE, Carlos Eduardo e outros. Hadewijch de Ambéres. A mística medieval e suas visões sobre o divino. *Revista Mais que Amélias*, n. 4, 2017, p. 1. Disponível em: https://8817bea9-051e-4071-aa02-bb0ea330c83e.filesusr.com/ugd/cafbb5_7d0085da-c2e44a9c94d7da4f21c35d78.pdf . Acesso em: 16 dez. 2022.

[18] ARIÈS, Philippe; DUBY, Georges. *História da vida privada*. 6. Imp. Trad. Maria Lúcia Machado. São Paulo: Companhia das Letras, v. 2. Da Europa feudal à Renascença, p. 606.

[19] *Loc. cit.*

[20] *Loc. cit.*

[21] SANTOS, 2016b, p. 285 *apud* BROCHADO, Cláudia Costa; DEPLAGNE, Luciana Calado (orgs.) *Op. cit.* Disponível em: https://wp.ufpel.edu.br/clhd/2021/06/24/livro-com-acesso-gra-tuito-vozes-de-mulheres-da-idade-media/. Acesso em: 20 jul. 2022.

[22] FINKE, Enrique. *La mujer em La Edad Media;* MIATELLO, André Luís Pereira. *Op. cit.* Disponível em: https://doi.org/10.15848/hh.v13i33.1519. Acesso em: 27 set. 2022; SWAN, Laura. *The Wisdom of the Beguines*. The forgotten story of a medieval womens's move-ment. Nova York: Blue Bridget, 2014; OLIVEIRA, Leandro da Motta. *Marguerite Porete e as beguinas*. A importante participação das mulheres nos movimentos espirituais e políticos da Idade Média. São Paulo: Dialética, 2021.

[23] Disponível em: http://usuariadesactivada.blogspot.com/2016/04/las-beguinas-conquistadoras-de-espacios.html?m=1. Acesso em: 13 dez. 2022.

[24] OLIVEIRA, Leandro da Motta. *Op. cit.*, p. 65.

[25] José Comblin *apud* CALADO, Alder Julio Ferreira. O perfil instituinte do movimento das beguinas, na Baixa Idade Média. *Revista Consciência*. 23 mai. 2010. Disponível em: https://revistaconsciencia.com/o-perfil-instituinte-do-movimento-das-beguinas-na-baixa-idade-media/. Acesso em: 19 set. 2022.

[26] Disponível em: https://upload.wikimedia.org/wikipedia/commons/d/df/StElisabethKo%C5%A1iceAltar.JPG. Acesso em: 14 dez. 2022.

[27] SWAN, Laura. *Op. cit.* p. 71-72.

[28] *Ibidem*, p. 72.

[29] GUERIZOLI, Rodrigo (trad.). *As bulas condenando as beguinas e mestre Eckart*. Porto Alegre: Veritas. v. 45, n. 3, setembro 2000, p. 486.

[30] ALVAREZ, J. Luiz. *Las beguinas – Mujeres en Red*. Disponível em: https://www.nodo50.org/mujeresred/historia-beguinas.html. Acesso em: 7 dez. 2022; BOHLER-RÉGNIER, Danielle. Vozes literárias, vozes místicas. *In*: DUBY, Georges; PERROT, Michelle (orgs.). *História das Mulheres no Ocidente*. Trad. Maria Helena da Cruz Coelho e outras, Porto: Afrontamento, 1990, v. 2. A Idade Média, p. 512-591; LANDSEL, Jason. *The beguines*. 13 ago. 2018. Disponível em: https://www.plough.com/en/topics/community/intentional-community/forerunners-the-beguines. Acesso em: 5 nov. 2022; OLIVEIRA, Leandro da Motta. *Op. cit.* COMBLIN, José. *Vocação para a liberdade*. São Paulo: Paulus, 1998.

[31] OLIVEIRA, Leandro da Motta. *Op. cit.*, p. 47.

[32] *Ibidem*, p. 89.

[33] *Ibidem*, p. 46.

[34] Disponível em: https://www.deutschlandfunkkultur.de/das-gelehrte-frauenzimmer-eine-andere-geschichte-der-philosophie-100.html. Acesso em: 18 dez. 2022.

[35] CALADO, Alder Julio Ferreira. O perfil instituinte do movimento das beguinas, na Baixa Idade Média. *Revista Consciência*. 23 mai. 2010. Disponível em: https://revistaconsciencia.com/o-perfil-instituinte-do-movimento-das-beguinas-na-baixa-idade-media/. Acesso em: 19 set. 2022.

[36] O termo "línguas vulgares" se refere às línguas faladas pelo povo, ou seja, línguas vernaculares ou nacionais. Vulgar vem de "vulgo", que significa comum ao homem.

[37] COMBLIN, José. *Vocação para a liberdade*. São Paulo: Paulus, 1998, p. 127. O flamengo era idioma holandês falado à época em parte da Bélgica.

[38] ALVAREZ, J. Luiz. *Las beguinas – Mujeres en Red*. Disponível em: https://www.nodo50.org/mujeresred/historia-beguinas.html. Acesso em: 7 dez. 2022.

[39] CASAGRANDE, Carla. *A mulher sob custódia. In*: DUBY; Georges; PERROT, Michelle (orgs.). *Op. cit.*, p. 135/136.

[40] CASAGRANDE, Carla. *Op. cit.* p. 136.

[41] NOVARA, Filipe de, *apud* CASAGRANDE, Carla. *Op. cit.*, p. 137.

[42] NUNES, Fernanda Cardoso e outras. Por uma genealogia feminina da mística medieval: estudos sobre duas precursoras da literatura inglesa, Juliana de Norwich e Margery Kempe. In: BROCHADO, Claudia Costa; DEPLAGNE, Luciana Calado (org.). Op. cit., p. 93-94.

[43] AMARAL, Maria José Caldeira do; VILLAS BOAS, Alex; PROVINCIATTO, Luiz Gabriel. É desse Amor que eu sofro. Hermenêutica feminina da experiência mística – a *Minne* Medieval em Hadewijch da Antuérpia. *Pistis Praxis,* [*S. l.*], v. 13. Edição Especial. Disponível em: https://www.academia.edu/80973860/%C3%89_desse_Amor_que_eu_sofro_Hermen%C3%AAutica_feminina_da_experi%C3%AAncia_m%C3%ADstica_a_Minne_Medieval_em_Hadewijch_da_Antu%C3%A9rpia. Acesso em: 13 dez. 2022; COSTA, Marcos Roberto Nunes; COSTA, Rafael Ferreira. *Op. cit.*, p. 123-131. Disponível em: https://drive.google.com/file/d/1OlSh3Q_LNkKRlSoJLLuQ9EM4B1abFaTz/view. Acesso em: 2 nov. 2021; SWAN, Laura. *The Wisdom of the Beguines*. The forgotten Story of a medieval women'a movement. Nova York: Blue Bridge, 2016, p. 147-150.

[44] Disponível em: https://www.kerknet.be/pastorale-eenheid-h-gummarus-z-beatrijs-lier/artikel/beatrijs-van-nazareth-0. Acesso em: 18 dez. 2022.

45 NOGUEIRA, Maria Simone Marinho. Beatriz de Nazareth e os sete graus do amor. *Revista Graphos*, v. 19, n. 3, 2017 - UFPB/PPGL. Disponível em: https://periodicos.ufpb.br/index.php/graphos/article/view/37751/19052. Acesso em: 16 nov. 2022.

46 NAZARÉ, Beatriz de. *Los siete modos de amor*, I, 2002, p. 70 *apud* COSTA, Marcos Roberto Nunes; COSTA, Rafael Ferreira. *Op. cit.*, p. 125. Disponível em: https://drive.google.com/file/d/1OlSh3Q_LNkKRlSoJLLuQ9EM4B1abFaTz/view. Acesso em: 2 nov. 2021.

47 SWAN, Laura. *Op. cit.*, p. 148.

48 *Ibidem*, p.148-150. Resumo das sete maneiras.

49 *Ibidem*, p. 150.

50 COSTA, Marcos Roberto Nunes; COSTA, Rafael Ferreira. Op. cit. Disponível em: https://drive.google.com/file/d/1OlSh3Q_LNkKRlSoJLLuQ9EM4B1abFaTz/view. Acesso em: 2 nov. 2021; LIMA, Vanderlei de (org.) *Margarida de Oingt*. Monja cartuxa do século XIII. Sua vida mística, sua obra *Speculum* e o seu culto imemorial. São Paulo: Cultor de Livros, 2022; PAPA BENTO XVI. *Uma freira cartuxa que tem algo a nos dizer*. 3 nov. 2010. Disponível em: http://josbrunonis.blogspot.com/search/label/Personen. Acesso em: 3 nov. 2022; POPE BENEDICT XVI. Marguerite d'Oingt. *L'Osservatore Romano Weekly edition in English*. 10 nov. 2010, p. 22. Disponível em: https://www.ewtn.com/catholicism/library/marguerite-doingt-6284. Acesso em: 10 nov. 2022.

51 Disponível em: https://commons.wikimedia.org/wiki/File:Plaque_Marguerite_de_Oingt.jpg. Acesso em: 18 dez. 2022.

52 Papa Bento XVI. Marguerite d'Oingt. *L'Obsservatore Romano. Weekly Edition em inglês*. 10 nov. 2010, p. 22. Disponível em: https://www.ewtn.com/catholicism/library/marguerite-doingt-6284. Acesso em: 26 dez. 2022.

53 *Loc. cit.* Disponível em: https://www.ewtn.com/catholicism/library/marguerite-doingt-6284. Acesso em: 26 dez. 2022. Trad. livre.

54 *Loc. cit.* Disponível em: https://www.ewtn.com/catholicism/library/marguerite-doingt-6284. Acesso em: 26 dez. 2022. Trad. livre.

[55] De acordo com o Houaiss, o provençal era um dialeto occitano falado na antiga Provença, nos condados de Nice e Venasque (Vaucluse), no sul do Delfinado e nas cercanias de Nîmes e de Uzès, na França.

[56] COSTA, Marcos Roberto Nunes; COSTA, Rafael Ferreira. *Op. cit.* Disponível em: https://drive.google.com/file/d/1OlSh3Q_LNkKRlSoJLLuQ9EM4B1abFaTz/view. Acesso em: 2 nov. 2021.

[57] *Ibidem*. Lettere III, XIV, p. 127.

[58] CASAGRANDE, Carla. *A mulher sob custódia. In*: DUBY, Georges; PERROT, Michelle. *Op. cit.*, p. 135-136.

[59] CIRLOT; GARI, 1999, p. 168 *apud* COSTA, Marcos Roberto Nunes; COSTA, Rafael Ferreira. *Op. cit.* Disponível em: https://drive.google.com/file/d/1OlSh3Q_LNkKRlSoJLLuQ9EM4B1abFaTz/view. Acesso em: 2 nov. 2021.

[60] *Ibidem*, p. 145.

[61] O lionês era dialeto da cidade de Lion, na França.

[62] LIMA, Vanderlei de (org.) *Op. cit.*, p. 43.

[63] COSTA, Marcos Roberto Nunes; COSTA, Rafael Ferreira. *Op. cit.*, p. 171-172. Disponível em: https://drive.google.com/file/d/1OlSh3Q_LNkKRlSoJLLuQ9EM4B1abFaTz/view. Acesso em: 2 nov. 2021; RÉGNIER-BOHLER, Danielle. *Op. cit.*, p. 536-591.

[64] Disponível em: https://commons.wikimedia.org/wiki/File:Margareta_Ebner.jpg. Acesso em: 18 dez. 2022.

[65] NORDLINGEN, Henrique de. *Apud* RÉGNIER-BOHLER, Danielle. *Op. cit.*, p. 580.

[66] Os dominicanos foram considerados os responsáveis pelo Tribunal da Inquisição. A segunda ordem compreende os frades, as monjas e os leigos.

[67] A Suábia é uma região da Baviera, na Alemanha. Seus habitantes falam um dialeto alemão que tem variantes regionais.

Capítulo 4

[1] Disponível em: http://1.bp.blogspot.com/-0_-JNr8uS4w/T5uG-fru4pvI/AAAAAAAAA0/TsQ-qXADOtY/s1600/levitation+-photo.jpg. Acesso em: 29 dez. 2022.

2 Disponível em: https://commons.wikimedia.org/wiki/File:Statue_of_Dame_Julian.JPG. Acesso em: 29 dez. 2022.

3 NORWICH, Juliana. *Revelações do Amor Divino*. Trad. Maria Elizabeth Hallak Neilson. Petropólis: Vozes, 2018, p. 13.

4 BROCHADO, Cláudia Costa; DEPLAGNE, Luciana Calado (orgs.). *Op. cit.*, p. 141. Disponível em: https://wp.ufpel.edu.br/clhd/2021/06/24/livro-com-acesso-gratuito-vozes-de-mulheres-da-idade-media/. Acesso em: 20 jul. 2022; COSTA, Marcos Roberto Nunes; COSTA, Rafael Ferreira. *Op. cit.* Disponível em: https://drive.google.com/file/d/1OlSh3Q_LNkKRlSoJLLuQ9EM4B1ab-FaTz/view. Acesso em: 2 nov. 2021; RÉGNIER-BOHLER, Danielle. *Op. cit.*, p. 536-591; UNDSET, Sigrid. *Catarina de Siena*. Trad. Basílio Lopes. Lisboa: Editorial Aster, [*s. d*].

5 Disponível em: https://fasbam.edu.br/2019/03/18/hildegard-von-bingen-uma-filosofa-mistica-e-compositora-a-frente-de-seu-tempo/ Acesso em: 14 dez. 2022.

6 RÉGNIER-BOHLER, Danielle. *Op. cit.*, p. 540.

7 VALLARSA, 2010, p. 85 *apud* BROCHADO, Cláudia Costa; DEPLAGNE, Luciana Calado (orgs.). *Op. cit.*, p. 141. Disponível em: https://wp.ufpel.edu.br/clhd/2021/06/24/livro-com-acesso-gratuito-vozes-de-mulheres-da-idade-media/. Acesso em: 20 jul. 2022.

8 COSTA, Marcos Roberto Nunes; COSTA, Rafael Ferreira. *Op. cit.*, p. 62-63. Disponível em: https://drive.google.com/file/d/1OlSh3Q_LNkKRlSoJLLuQ9EM4B1abFaTz/view. Acesso em: 2 nov. 2021.

9 AMBERES, Hadewijch *apud* BROCHADO, Cláudia Costa; DEPLAGNE, Luciana Calado (orgs.). *Op. cit.*, p. 142. Disponível em: https://wp.ufpel.edu.br/clhd/2021/06/24/livro-com-acesso-gratuito-vozes-de-mulheres-da-idade-media/. Acesso em: 20 jul. 2022.

10 MAGDEBURG, Mechtild von, 2008 *apud* BROCHADO, Cláudia Costa; DEPLAGNE, Luciana Calado (orgs.). *Op. cit.*, p. 142-143. Disponível em: Disponível em: https://wp.ufpel.edu.br/clhd/2021/06/24/livro-com-acesso-gratuito-vozes-de-mulheres-da-idade-media/. Acesso em: 20 jul. 2022.

[11] DRPIC, 1999, p. 2, *apud* COSTA, Marcos Roberto Nunes; COSTA, Rafael Ferreira. *Op. cit.*, p. 197. Disponível em: https://drive.google.com/file/d/1OlSh3Q_LNkKRlSoJLLuQ9EM4B1abFaTz/view. Acesso em: 2 nov. 2021.

[12] COSTA, Marcos Roberto Nunes; COSTA, Rafael Ferreira. *Op. cit.* P. 62. Disponível em: https://drive.google.com/file/d/1OlSh3Q_LNkKRlSoJLLuQ9EM4B1abFaTz/view. Acesso em: 2 nov. 2021.

[13] COSTA, Marcos Roberto Nunes; COSTA, Rafael Ferreira. *Op. cit.*, p. 197. Disponível em: https://drive.google.com/file/d/1OlSh3Q_LNkKRlSoJLLuQ9EM4B1abFaTz/view. Acesso em: 2 nov. 2021.

[14] LIMA, Vanderlei de (org.) *Margarida de Oingt. Op. cit.*, p. 46.

[15] RÉGNIER-BOHLER, Danielle. *Op. cit.*, p. 571.

[16] UNDSET, Sigrid. *Op. cit.*, p. 159-160.

[17] RÉGNIER-BOHLER, Danielle. *Op. cit.*, p. 565.

[18] LIMA, Vanderlei de (org.). *Margarida de Oingt*. Monja cartuxa do século XIII. Sua vida mística, sua obra *Speculum* e o seu culto imemorial. São Paulo: Cultor de Livros, 2022, p. 48.

[19] KRUEGER, Christine. *The reader'repetance: women preachers, women writers, and nineteenth century social discourse.* Chicago e Londres: The University of Chicago Press, 1992, p. 3. Trad. livre.

[20] ALMEIDA, Rute Salviano. *Vozes femininas no início do protestantismo brasileiro.* São Paulo: Hagnos, 2014, p. 506.

[21] COSTA, Marcos Roberto Nunes; COSTA, Rafael Ferreira. *Op. cit.*, p. 149-153. Disponível em: https://drive.google.com/file/d/1OlSh3Q_LNkKRlSoJLLuQ9EM4B1abFaTz/view. Acesso em: 2 nov. 2021; MIATELLO, André Luis Pereira. *A literatura mística feminina e a escrita da História na Baixa Idade Média ocidental:* entre biografia, memória e relato social. Disponível em: https://www.historiadahistoriografia.com.br/revista/article/view/1519. Acesso em: 10 nov. 2022.

[22] Disponível em: https://www-ariterau-com.translate.goog/Influence/Francis/PhotoAssisi/Angela_Foligno.html?_x_tr_sch=http&_x_tr_sl=ja&_x_tr_tl=pt&_x_tr_hl=pt-BR&_x_tr_pto=sc. Acesso em: 22 dez. 2022.

23 Em outras palavras, quebrantada, contrita, depois de confessar seus pecados, perdoar e pedir perdão.

24 Ângela de Foligno, p. 12-13 *apud* COSTA, Marcos Roberto Nunes; COSTA, Rafael Ferreira. *Op. cit.*, p. 151. Disponível em: https://drive.google.com/file/d/1OlSh3Q_LNkKRlSoJLLuQ9EM4B1ab-FaTz/view. Acesso em: 2 nov. 2021, p. 149-153.

25 COSTA, Marcos Roberto Nunes; COSTA, Rafael Ferreira. *Op. cit.*, p. 150. Disponível em: https://drive.google.com/file/d/1OlSh3Q_LNkKRlSoJLLuQ9EM4B1abFaTz/view. Acesso em: 2 nov. 2021.

26 MIATELLO, André Luís Pereira. *Op. cit.*, p. 185. Disponível em: https://www.historiadahistoriografia.com.br/revista/article/view/1519. Acesso em: 10 nov. 2022.

27 ACOSTA, Garcia. *In*: Ângela de Foligno, Libro de la experiencia, 2014, p. 11 *apud* COSTA, Marcos Roberto Nunes; COSTA, Rafael Ferreira. *Op. cit.* p. 150. Disponível em: https://drive.google.com/file/d/1OlSh3Q_LNkKRlSoJLLuQ9EM4B1abFaTz/view. Acesso em: 2 nov. 2021.

28 MIATELLO, André Luis Pereira. A literatura mística feminina e a escrita da História na Baixa Idade Média Ocidental. *História da Historiografia*. Ouro Preto, v. 13, n. 33, p. 163-195, maio-ago. 2020. Disponível em: https://www.historiadahistoriografia.com.br/revista/issue/view/36/25. Acesso em: 22 dez. 2022.

29 SANTI, Francesco (2016) *apud* MIATELLO, André Luis Pereira. *Op. cit.*, p. 183.

30 NORWICH, Juliana de. Revelações do amor divino. Trad. Maria Elizabeth Hallack Neilson. Petrópolis, RJ: Vozes. 2018; COSTA, Marcos Roberto Nunes; COSTA, Rafael Ferreira. *Op. cit.*, p. 186. Disponível em: https://drive.google.com/file/d/1OlSh3Q_LNkKRlSoJLLuQ9EM4B1abFaTz/view. Acesso em: 2 nov. 2021.

31 Disponível em: https://www.spectator.co.uk/article/how-to-be-a--hermit/ Acesso em: 29 dez. 2022.

32 NORWICH, Juliana de. *Op. cit.*, p. 20-21.

33 NORWICH, Juliana de. *Op. cit.*, p. 49.

34 NORWICH, Juliana de. *Revelações do amor divino*, VI, p. 40-43 *apud* COSTA, Marcos Roberto Nunes; COSTA, Rafael Ferreira. *Op. cit.*,

p. 186. Disponível em: https://drive.google.com/file/d/1OlSh3Q_LNkKRlSoJLLuQ9EM4B1abFaTz/view. Acesso em: 2 nov. 2021.

[35] NORWICH, Juliana. *Op. cit.*, p. 56.

[36] *Ibidem*, p. 216-217.

[37] COLLIS, Louise. *Memoirs of a medieval Woman*. The life and Times of Margery Kempe. Nova York: Harper & Row, Publishers. 1964; RÉGNIER-BOHLER, Danielle. *Vozes literárias, vozes místicas. In*: DUBY, Georges; PERROT, Michelle. História das Mulheres. Porto: Afrontamento, 1990, v. 2 – A Idade Média, p. 512-591; BROCHADO, Cláudia Costa; DEPLAGNE, Luciano Calado (orgs.). *Op. cit.*, p. 101-105. Disponível em: https://wp.ufpel.edu.br/clhd/2021/06/24/livro-com-acesso-gratuito-vozes-de-mulheres-da-idade-media/. Acesso em: 20 jul. 2022. COSTA, Marcos Roberto; COSTA, Rafael Ferreira. *Op. cit.*, p. 196-198. Disponível em: https://drive.google.com/file/d/1OlSh3Q_LNkKRlSoJLLuQ9EM4B1abFaTz/view. Acesso em: 2 nov. 2021; *La religiosidad de Margery Kempe*. Disponível em: http://archicofradia.org/wp-content/uploads/2017/10/Margery-Kempe-II.pdf. Acesso em 22 jul. 2022;

[38] Disponível em: https://press.uchicago.edu/ucp/books/book/distributed/M/bo130703075. Acesso em: 22 dez. 2022.

[39] RÉGNIER-BOHLER, Danielle. *Op. cit.*, p. 585. (Grifo nosso)

[40] BROCHADO, Cláudia Costa; DEPLAGNE, Luciano Calado (orgs.). *Op. cit.*, p. 102. Disponível em: https://wp.ufpel.edu.br/clhd/2021/06/24/livro-com-acesso-gratuito-vozes-de-mulheres-da-idade-media/. Acesso em: 20 jul. 2022.

[41] *Ibidem*, p. 101-102. Disponível em: https://wp.ufpel.edu.br/clhd/2021/06/24/livro-com-acesso-gratuito-vozes-de-mulheres-da-idade-media/ Acesso em: 20 jul. 2022.

[42] RÉGNIER-BOHLER, Danielle. *Op. cit.*, p. 573.

[43] *Loc. cit.*

[44] Não se pode esquecer que a cristandade era essencialmente católica romana, e os livros apócrifos, que defendiam o purgatório, foram

incorporados ao cânon bíblico na Idade Média, sendo que a ideia de que o purgatório fosse um local distinto somente tomou forma e força depois dos séculos 12 e 13.

[45] RÉGNIER-BOHLER, Danielle. *Op. cit.*, p. 573.

[46] De acordo com o dicionário Aulete, chuva repentina e muito forte.

[47] *Le livre de Margery Kempe*, p. 265 *apud* RÉGNIER-BOHLER, Danielle. *Op. cit.*, p. 573.

[48] RÉGNIER-BOHLER, Danielle. *Op. cit.*, p. 574.

[49] Seguidora do pré-reformador John Wyclife.

[50] *La religiosidad de Margery Kempe.* Disponível em: http://archicofradia.org/wp-content/uploads/2017/10/Margery-Kempe-II.pdf. Acesso em: 22 jul. 2022.

[51] *Notes of the book of Margery Kempe.* Disponível em: https://www.sparknotes.com/lit/margerykempe/characters/. Acesso em: 3 jan. 2023.

[52] *Ibidem.* Disponível em: https://www.sparknotes.com/lit/margery-kempe/characters/. Acesso em: 4 jan. 2022.

[53] RÉGNIER-BOHLER, Danielle. *Op. cit.*, p. 563-564. Falar ou entender línguas que lhe são desconhecidas representa uma experiência espiritual na qual o sujeito é um canal para uma força externa manifesta em uma linguagem inacessível a outros. Esse fenômeno é denominado *xenolalia,* capacidade de falar uma língua estrangeira desconhecida, o que é confundido com *glossolalia,* o ato de falar línguas celestiais, conhecida como língua dos anjos, muitas vezes como parte da prática religiosa.

[54] *Ibidem*, p. 563/564.

[55] KEMPE, Margery *apud* BROCHADO, Cláudia Costa; DEPLAGNE, Luciana Calado. *Op. cit.*, p. 104-105. Disponível em: https://wp.ufpel.edu.br/clhd/2021/06/24/livro-com-acesso-gratuito-vozes-de-mulheres-da-idade-media/. Acesso em: 20 jul. 2022.

[56] Naquela época, eram considerados iletrados os que não sabiam falar nem escrever em latim fluentemente.

[57] RÉGNIER-BOHLER, Danielle. *Op. cit.*, p. 541.

Capítulo 5

[1] Disponível em: http://nathaniel-campbell.blogspot.com/2015 /09/o-vox-praeclara-chronogram-for-st-hildegard-of-bingen-2015. html. Acesso em: 19 dez. 2022.

[2] Disponível em: https://www.katholisch.de/artikel/30905-mechthild-von-magdeburg-eine-mystikerin-gegen-die-grenzen-ihrer-zeit. Acesso em: 19 dez. 2022

[3] MARIANI, Ceci Baptista. Mística, teologia e poesia na voz de mulheres: o protagonismo feminino na mística medieval. *Pistis Praxis*, [*s. l.*], v. 13, ed. espec., 2021, p. 181. Disponível em: https:// periodicos.pucpr.br/pistispraxis/article/view/27685. Acesso em: 16 nov. 2022.

[4] SOUSA, Rainer. Equipe Brasil Escola. Disponível em: https://bra-silescola.uol.com.br/historiag/literatura-medieval.htm. Acesso em: 10 set. 2022; COSTA, Marcos Roberto Nunes; COSTA, Rafael Ferreira. *Op. cit.* Disponível em: https://drive.google.com/file/d/1Ol-Sh3Q_LNkKRlSoJLLuQ9EM4B1abFaTz/view. Acesso em: 2 nov. 2021; MARIANI, Ceci Maria Costa Baptista. Mística, teologia e poesia na voz de mulheres: o protagonismo feminino na mística medieval. *Pistis* Praxis, [*S. l.*], v. 13, 2021, p. 169-188. Disponível em: https://periodicos.pucpr.br/pistispraxis/article/view/27685. Acesso em: 16 nov. 2022.

[5] Disponível em: https://www.revistafenix.pt/tristao-mito-e-simbo-los/. Acesso em: 19 dez. 2022.

[6] COSTA, Marcos Roberto Nunes; COSTA, Rafael Ferreira. *Op. cit.*, p. 136. Disponível em: https://drive.google.com/file/d/1OlSh3Q_LNkKRlSoJLLuQ9EM4B1abFaTz/view. Acesso em: 2 nov. 2021.

[7] LE GOFF, Jacques (dir.). *O homem medieval*. Trad. Maria Jorge Vilar de Figueiredo. Lisboa: Presença, 1989, p. 62. Disponível em: https://portalconservador.com/livros/Le-Goff-O-Homem-Medie-val.pdf. Acesso em: 4 jan. 2023.

[8] *Ibidem*, p. 43. Disponível em: https://portalconservador.com/ livros/Le-Goff-O-Homem-Medieval.pdf. Acesso em: 4 jan. 2023.

[9] *Ibidem*, p. 65. Disponível em: https://portalconservador.com/ livros/Le-Goff-O-Homem-Medieval.pdf. Acesso em: 4 jan. 2023.

[10] VIOLANTE, Susana Beatriz; COSTA, Ricardo da (orgs.). A estética medieval: imagem e filosofia. *Mirabilia*, v. 28, jan./jun. 2019. Disponível em: https://www.revistamirabilia.com/sites/default/files/pdfs/00.28.pdf. Acesso em: 16 dez. 2022.

[11] Disponível em: https://mobile.twitter.com/Gilroyglass/status/1248059331729186816/photo/1 Acesso em: 2 jan. 2023. Obs.: o órgão medieval era chamado de "portativo" e foi popular do século 12 ao século 17. Os foles eram comandados pela mão esquerda, e as teclas tocadas com a mão direita.

[12] BURNS, Edwards McNall. *História da Civilização Ocidental*. 24. ed. Trad. Lourival Gomes Machado e outros. Porto Alegre: Globo, v. 1, p. 389.

[13] VIOLANTE, Susana Beatriz; COSTA, Ricardo da (orgs.). A estética medieval: imagem e filosofia. *Mirabilia*, v. 28, jan./jun. 2019. Disponível em: https://www.revistamirabilia.com/sites/default/files/pdfs/00.28.pdf. Acesso em: 16 dez. 2022. Trad. livre.

[14] Guido d'Arezzo (c. 990–1033) foi um monge italiano e regente do coral da catedral de Arezzo (na Toscana) que deu o passo definitivo que rompeu com a concepção clássica da música como ciência, ao criar a notação musical moderna.

[15] Disponível em: http://sabias-esta.blogspot.com/2012/05/origem-da-sete-notas-musicais.html. Acesso em 5 jan. 2023. Tradução: "Que nossos servos possam, com as suas vozes soltas, ressoar as maravilhas de seus atos e limpar a culpa de nossos lábios manchados, ó São João." A palavra UT seria substituída por DÓ, para facilitar o canto com a terminação em uma vogal; e o SI, que não consta da melodia solfejada, foi acrescentado tomando-se as iniciais da palavra Sancte e Ioannes.

[16] COSTA, Marcos Roberto Nunes; COSTA, Rafael Ferreira. *Op. cit.* Disponível em: https://drive.google.com/file/d/1Ol-Sh3Q_LNkKRlSoJLLuQ9EM4B1abFaTz/view. Acesso em: 2 nov. 2021; PERNOUD, Régine. *Hildegard de Bingen*. A consciência inspirada do século XII. Trad. Eloá Jacobina. Rio de Janeiro: Rocco, 1996; CORDEIRO. Tiago Cordeiro. Mulheres que mudaram a história: Hildegarda de Bingen. *Super interessante*. 14

fev. 2022. Disponível em: https://super.abril.com.br/mundo-es-tranho/mulheres-que-mudaram-a-historia-hildegarda-de-bingen/. Acesso em: 19 jul. 2022; *Pistis Praxis*, [*S. l.*] , v. 13, ed. espec., 2021, p. 189-214. Disponível em: https://www.researchgate.net/publication/350779919_E_desse_Amor_que_eu_sofro_Herme-neutica_feminina_da_experiencia_mistica_-_a_Minne_Medieval_em_Hadewijch_da_Antuerpia/link/60710c50a6fdcc5f7794c12b/download. Acesso em: 19 jul. 2022; *Ziereis Facsimiles*. Disponível em: https://www.facsimiles.com/facsimiles/liber-scivias Acesso em: 2 jan 2023.

[17] Disponível em: https://www.planet-wissen.de/gesellschaft/medi-zin/klostermedizin/hildegard-von-bingen-100.html Acesso em: 1 jan. 2023.

[18] CIRLOT; GARI, 1999, p. 51 *apud* COSTA, Marcos Roberto Nunes; COSTA, Rafael Ferreira, *op. cit.*, p. 62. Disponível em: https://drive.google.com/file/d/1OlSh3Q_LNkKRlSoJLLuQ9EM4B1abFaTz/view. Acesso em: 2 nov. 2021. Grifo nosso.

[19] Um palatinado é um território administrado por um conde, repre-sentante direto de um soberano, e, posteriormente, governan-te hereditário do território subordinado ao suserano da coroa. O termo foi usado por muitos Estados dentro do Sacro Império Romano-Germânico.

[20] PERNOUD, Régine. *Op. cit.*, 12.

[21] MORAMBAI *apud* COSTA, Marcos Roberto Nunes; COSTA, Rafael Ferreira, *op. cit.*, p. 49. Disponível em: https://drive.google.com/file/d/1OlSh3Q_LNkKRlSoJLLuQ9EM4B1abFaTz/view. Acesso em: 2 nov. 2021.

[22] Judite ou Juta era uma eremita e participou, após 1112, quando Hil-degard tinha 14 anos, da clausura com ela: era um recinto pequeno construído em pedra com uma janelinha para comunicação e para a passagem de alimentos. A biografia de Juta reforça a severidade das práticas ascéticas.

[23] Disponível em: https://www.facebook.com/photo/?fbid=559182992678458&set=a.174834147780013. Acesso em: 3 jan. 2023.

[24] Para quem estranha esse vocabulário, sugerimos a leitura do sermão *Pecadores nas mãos de um Deus irado*, do avivalista Jonathan Edwards, escrito muitos séculos depois, mas que demonstra a mesma fragilidade e insignificância humana diante do poder divino, o que fazia seus ouvintes chorarem e caírem por terra, indagando: "Como me salvarei?".

[25] PERNOUD, Régine. *Op. cit.*, p. 17.

[26] HILDEGARDA de Bingen, *Scivias,* 2015, p. 96 *apud* COSTA, Marcos Roberto Nunes; COSTA, Rafael Ferreira, *op. cit.*, p. 51, 52. Disponível em: https://drive.google.com/file/d/1OlSh3Q_LNkKRlSoJLLuQ9EM4B1abFaTz/view. Acesso em: 2 nov. 2021.

[27] A língua ignota, no latim *litterae ignotae,* "idioma desconhecido", foi utilizada por Hildergard para fins místicos. Para escrevê-la, ela utilizou um alfabeto de 23 letras. Era uma espécie de glossário composto por mais ou menos mil substantivos que ela dizia ser fruto de uma revelação divina.

[28] *Scivias* é um termo composto por *sci*, que se refere a "saber" e do qual se deriva a palavra ciência, combinado com a palavra *vias,* que significa caminhos. Parafraseando, "os caminhos que conduzem à sabedoria" ou "à suprema sapiência".

[29] GÓMEZ, Pedro Edmundo. Introdução. *In*: Cartas de Hildegarda de Bingen, 2015, v. 1. p. 21 *apud* COSTA, Marcos Roberto Nunes; COSTA, Rafael Ferreira. *Op. cit.* Disponível em: https://drive.google.com/file/d/1OlSh3Q_LNkKRlSoJLLuQ9EM4B1abFaTz/view. Acesso em: 2 nov. 2021, p. 61.

[30] FELDMANN, Christian. 2009, p. 72-73 *apud* COSTA, Marcos Roberto Nunes; COSTA, Rafael Ferreira. *Op. cit.* Disponível em: https://drive.google.com/file/d/1OlSh3Q_LNkKRlSoJLLuQ9EM4B1abFaTz/view. Acesso em: 2 nov. 2021, p. 61.

[31] ZAMBONI, 1997, p. 26 *apud* COSTA, Marcos Roberto Nunes; COSTA, Rafael Ferreira. *Op. cit.* Disponível em: https://drive.google.com/file/d/1OlSh3Q_LNkKRlSoJLLuQ9EM4B1abFaTz/view. Acesso em: 2 nov. 2021, p. 61.

[32] ROPS, Daniel. *A Igreja das Catedrais e das Cruzadas*. São Paulo: Quadrante, 2014, p. 106-107.

[33] PERNOUD, Régine. *Hildegard de Bingen*. A consciência inspirada do século XII. Trad. Eloá Jacobina. Rio de Janeiro: Rocco,1996, p. 36.

[34] *Ibidem*, p. 23.

[35] Essa foi a primeira das 135 cartas que eles trocaram.

[36] Disponível em: https://www.tuttartpitturasculturapoesiamusica.com/2016/04/John-Melhuish-Strudwick.html. Acesso em: 19 jun. 2023.

[37] *Ibidem*, p. 86.

[38] Disponível em: https://mittelalter.hypotheses.org/files/2021/05/LiberDivinorum.png. Acesso em: 1 jan. 2023.

[39] PERNOUD, Régine. *Hildegard de Bingen*. *Op. cit.*, p. 57-58.

[40] *Ibidem*, p. 60-61.

[41] *Ibidem*, p. 63.

[42] SOCIEDADE DAS CIÊNCIAS ANTIGAS. *Santa Hildegarda de Bingen*, [*s. d.*], p. 1-16. Disponível em: https://www.sca.org.br/uploads/news/id133/StaHildegarda.pdf. Acesso em: 31 dez. 2022.

[43] Os cátaros, cujo nome significa "puros", formavam um movimento no sul da França, no norte da Itália e em outras regiões da Europa, que se iniciou no século 11 e continuou até o começo do século 14. Eram considerados heréticos por suas crenças gnósticas e maniqueístas e se intitulavam os únicos e verdadeiros cristãos.

[44] *Ibidem*, p. 412.

[45] SOCIEDADE DAS CIÊNCIAS ANTIGAS. *Santa Hildegarda de Bingen*, [*s. d.*], p. 7. Disponível em: https://www.sca.org.br/uploads/news/id133/StaHildegarda.pdf Acesso em: 31 dez. 2022.

[46] SICCARDI, Cristina, 2013, p. 179-180, citada por COSTA, Marcos Roberto Nunes; COSTA, Rafael Ferreira. *Op. cit.* Disponível em: https://drive.google.com/file/d/1OlSh3Q_LNkKRlSoJLLuQ9EM4B1abFaTz/view. Acesso em: 2 nov. 2021, p. 69-70. Trad. livre.

[47] Disponível em: https://www.purplemotes.net/2020/01/05/women-competing-men. Acesso em: 15 dez. 2022.

[48] RIBEIRO, Lidice Meyer P. *Hildegarde de Bingen e a vaidade feminina*. Disponível em: https://www.lidicemeyer.pro/post/hildegarde-de-bingen-e-a-vaidade-feminina. Acesso em: 6 ago. 2022.

49 Disponível em: https://www.ihu.unisinos.br/categorias/192-paginas-especiais/591114-vozes-que-nos-desafiam-hildegard-de-bingen-mistica-e-doutora-da-igreja-1098-1179. Acesso em: 14 dez. 2022.

50 PERNOUD, Régine. *Op. cit.*, p. 84.

51 PERNOUD, Régine. *Op. cit.*, p. 84.

52 *Loc. cit.*

53 PERNOUD, Régine. *Op. cit.*, p. 88.

54 Disponível em: https://www.ihu.unisinos.br/categorias/192-paginas-especiais/591114-vozes-que-nos-desafiam-hildegard-de-bingen--mistica-e-doutora-da-igreja-1098-1179. Acesso em: 15 dez. 2022.

55 *Ibidem*, p. 7.

56 PIRQUER I POMÉS, 2004, p. 5-6 *apud* COSTA, Marcos Roberto Nunes; COSTA, Rafael Ferreira. *Op. cit.* Disponível em: https://drive.google.com/file/d/1OlSh3Q_LNkKRlSoJLLuQ9EM4B1ab-FaTz/view. Acesso em: 2 nov. 2021, p. 61.

57 HERMANN, *Hildegard de Bingen*, 24 jul. 2022. Disponível em: https://santahildegarda.com.br/categoria/artigo/. Acesso em: 1 ago. 2022.

58 LE GOFF, Jacques (dir.) *Homens e mulheres da Idade Média*. 2. ed. Trad. Nícia Adan Bonatti. São Paulo: Estação Liberdade, 2013, p. 168.

59 GUIMARÃES, Carlos, 2009 *apud* COSTA, Marcos Roberto Nunes; COSTA, Rafael Ferreira. *Op. cit.* Disponível em: https://drive.google.com/file/d/1OlSh3Q_LNkKRlSoJLLuQ9EM4B1ab-FaTz/view. Acesso em: 2 nov. 2021, p. 83.

60 MAÇANEIRO, Marcial, 2000, p. 435 *apud* COSTA, Marcos Roberto Nunes; COSTA, Rafael Ferreira. *Op. cit.* Disponível em: https://drive.google.com/file/d/1OlSh3Q_LNkKRlSoJLLu-Q9EM4B1abFaTz/view. Acesso em: 2 nov. 2021, p. 61.

61 SOCIEDADE DAS CIÊNCIAS ANTIGAS. *Santa Hildegarda de Bingen*. [*S. d.*], p. 15. Disponível em: https://www.sca.org.br/uploads/news/id133/StaHildegarda.pdf. Acesso em: 31 dez. 2022.

62 COSTA, Marcos Roberto Nunes; COSTA, Rafael Ferreira. *Op. cit.*, p. 131-141. Disponível em: https://drive.google.com/file/d/1OlSh3Q_LNkKRlSoJLLuQ9EM4B1abFaTz/view. Acesso em: 2 nov. 2021.

[63] Disponível em: https://pt.m.wikipedia.org/wiki/Ficheiro:Mera-zhofen_Pfarrkirche_Chorgest%C3%BChl_links_Mechthild.jpg. Acesso em: 14 dez. 2022.

[64] ARIÈS, Philippe; DUBY, Georges. *História da vida privada*. Trad. Maria Lucia Machado. São Paulo: Companhia das Letras, v. 2. Da Europa Feudal à Renascença, 1994, p. 106.

[65] RÉGNIER-BOHLER, Danielle. *Op. cit.*, p. 566.

[66] COSTA, Marcos Roberto Nunes; COSTA, Rafael Ferreira. *Op. cit.*, p. 138. Disponível em: https://drive.google.com/file/d/1OlSh3Q_LNkKRlSoJLLuQ9EM4B1abFaTz/view. Acesso em: 2 nov. 2021.

Capítulo 6

[1] Disponível em: https://commons.wikimedia.org/wiki/File:Christine_de_Pisan_and_Queen_Isabeau_(2).jpg. Acesso em: 14 dez. 2022.

[2] Disponível em: https://www.nationalgehic.com/history/history-magazine/article/single-working-mom-europe-first-professional-woman-writer. Acesso em: 12 dez. 2022.

[3] BOHLER-RÉGNIER, Danielle. *Op. cit.*, p. 536.

[4] Disponível em: https://www.storicang.it/a/christine-pizan-prima-scrittrice-della-storia_15003. Acesso em: 14 dez. 2022.

[5] RATISBONA, Lamprecht de. *Apud* MARINHO, Maria Simone Nogueira. Negação e aniquilação em M. Porete e M. Eckhart. *Princípios: Revista de Filosofia*, v. 22, n. 37, jan./abr. 2015, p. 6. Disponível em: https://periodicos.ufrn.br/principios/article/view/7380/pdf. Acesso em: 16 nov. 2022.

[6] NUNES, Fernanda Cardoso e outras. *Por uma genealogia feminina da mística medieval:* estudos sobre duas precursoras da literatura inglesa, Juliana de Norwich e Margery Kempe. *In*: BROCHADO, Claudia Costa; DEPLAGNE, Luciana Calado (org.). *Op. cit.*, p. 93-94. Disponível em: https://wp.ufpel.edu.br/clhd/2021/06/24/livro-com-acesso-gratuito-vozes-de-mulheres-da-idade-media/. Acesso em: 20 jul. 2022 (grifo nosso).

7 SENA, Santa Catarina de. *O diálogo*. 2. ed. Trad. Frei João Alves Basílio. São Paulo: Paulus, 2005; COSTA, Marcos Roberto Nunes; COSTA, Rafael Ferreira. *Op. cit.* Disponível em: https://creativecommons.org/license/by//4.0/deed.pt_BR. Acesso em: 22 jul. 2022; UNDSET, Sigrid. *Catarina de Sena*. Trad. Basílio Lopes. Lisboa: Editorial Aster, [s. d.], p. 35.

8 Disponível em: http://www.catholictradition.org/Passion/siena-1-window.htm. Acesso em: 30 dez. 2022.

9 FINKE, Enrique. *Op. cit.*, p. 76.

10 UNDSET, Sigrid. *Op. cit.*, p. 35.

11 SESÉ, Bernard. *Catarina de Sena:* uma biografia. Trad. Marcelo Dias Almada. São Paulo: Paulinas, 2008 apud: COSTA, Marcos Roberto Nunes; COSTA, Rafael Ferreira. *Op. cit.*, p. 190. Disponível em: https://drive.google.com/file/d/1OlSh3Q_LNkKRlSoJL-LuQ9EM4B1abFaTz/view. Acesso em: 2 nov. 2021.

12 Disponível em: https://www.wikiwand.com/en/Third_order#-Media/File:Eleanor_Fortescue_Brickdale's_Golden_book_of_famous_women_(1919)_-_St._Catherine_of_Siena_(p._239).jpg. Acesso em: 22 dez. 2022.

13 SANTA Catarina de Siena, Missão Providencial. Heroínas da cristandade, 29 de abril de 2021. Disponível em: http://heroinasdacristandade.blogspot.com/2021/04/santa-catarina-de-siena-missao.html. Acesso em: 15 dez. 2022.

14 Truões: palhaços, bobos da corte, aquele que zomba e fala bobagens.

15 Sabedoria é um livro apócrifo que foi muito considerado na Idade Média como parte do cânon bíblico.

16 SIENA, Santa Catarina de. *O diálogo*. 3. ed. São Paulo: Paulus, 1985, p. 259-261.

17 BOHLER-RÉGNIER, Danielle. *Op. cit.*, p. 512-591, *passim*; MACEDO, José Rivair. *A mulher na Idade Média*. p. 93-97; WUENSCH, Ana Miriam. *A cidade-mundo de Christine de Pizan*. *In*: BROCHADO, Cláudia Costa; DEPLAGNE, Luciana Calado. *Op. cit.*, p. 112-139. Disponível em: https://wp.ufpel.edu.br/clhd/2021/06/24/livro-com-acesso-gratuito-vozes-de-mulheres--da-idade-media/. Acesso em: 20 jul. 2022.

[18] Disponível em: https://www.facebook.com/clublecturaccss/photos/a.2149582721938434/2961479187415446/?type=3. Acesso em: 15 dez. 2022.

[19] KLAPISCH-ZUBER, Christiane. *Introdução*. Trad. Francisco G. Barba e Tereza Joaquim. Porto: Afrontamento. *In*: DUBY, Georges; PERROT, Michelle. *Op. cit.*, v. 2 - A Idade Média, 1990, p. 10-23.

[20] ALMEIDA, Júlia Lopes de *apud* TELLES, Norma. Escritoras, escritas, escrituras. *In*: PRIORE, Mary del (org.). *História das Mulheres no Brasil*, 2. ed. São Paulo: Contexto, Unesp, 1997, p. 408.

[21] MACEDO, José Rivair. *Op. cit.*, p. 93-94.

[22] BECKER, 1996 *apud* BROCHADO, Cláudia Costa; DEPLAGNE, Luciana Calado, *op. cit.*, p. 160. Disponível em: https://wp.ufpel.edu.br/clhd/2021/06/24/livro-com-acesso-gratuito-vozes-de-mulheres-da-idade-media/. Acesso em: 20 jul. 2022.

[23] MACEDO, José Rivair. *A mulher na Idade Média*. São Paulo: Contexto, 2000, p. 96. Grifo nosso.

[24] Disponível em: https://smarthistory.org/christine-de-pizan-city-of-ladies/ Acesso em: 15 dez. 2022.

[25] WUENSCH, Ana Miriam. *A cidade-mundo de Christine de Pizan*, p. 112. *In*: BROCHADO, Claudia Costa. DEPLAGNE, Luciana Calado. *Op. cit.* Disponível em: https://wp.ufpel.edu.br/clhd/2021/06/24/livro-com-acesso-gratuito-vozes-de-mulheres-da-idade-media/. Acesso em: 20 jul. 2022.

[26] PIZAN, Christine. *Op. cit.* L 1, cap. IV, p. 67 *apud* WUENSCH, Ana Miriam. *Op. cit.*, p. 120-121. Disponível em: https://wp.ufpel.edu.br/clhd/2021/06/24/livro-com-acesso-gratuito-vozes-de-mulheres-da-idade-media/ Acesso em: 20 jul. 2022.

[27] Para conhecer a história de Joana D'Arc, leia o livro *Mártires Cristãs* (Godbooks, Thomas Nelson Brasil, 2022).

[28] MACEDO, José Rivair. *A mulher na Idade Média*, p. 96.

[29] ARGENTEUIL, Eloísa de. *La Querella de las mujeres y Teresa de Cartagena*. 10 fev. 2018. Disponível em: https://aetasmedievalis.blogspot.com/2018/02/la-querella-de-las-mujeres-y-teresa-de.html. Acesso em: 10 nov. 2022; ARRELANO, Saul. Teresa de Cartagena y Virginia Woolf. *Saber y verdade*. 2 dez. 2021. Disponível em: https://

www.saularellano.com/2021/12/02/teresa-de-cartagena/. Acesso em: 11 nov. 2022; FERRER, Sandra. *Teresa de Cartagena, la mística española que defendió la dignidad de las mujeres.* 29 dez. 2018. Disponível em: https://es.aleteia.org/2018/12/29/teresa-de-cartagena-la--mistica-espanola-que-defendio-la-dignidad-de-las-mujeres/. Acesso em: 10 nov. 2022. MANZANARES, Pilar Martínez. *Literatura Violeta:* Teresa de Cartagena, personificación del feminismo medieval. Disponível em: https://culturamas.es/2016/10/23/literatura-violeta-teresa-de-cartagena-personificacion-feminismo-medieval/. Acesso em: 10 nov. 2022; MEADOR, James. Teresa de Cartagena. *A medieval'womens company.* Disponível em https://amedievalwomanscompanion.com/teresa-de-cartagena/. Acesso em: 11 nov. 2022.

30 Disponível em: https://contracorriente.red/2017/05/03/la-voz-enmudecida-de-la-mujeres/. Acesso em: 15 dez. 2022.

31 ARRELANO, Saul. Teresa de Cartagena y Virginia Woolf. *Op. cit.* Disponível em: https://www.saularellano.com/2021/12/02/teresa--de-cartagena/. Acesso em: 11 nov. 2022.

32 FERRER, Sandra. *Op. cit.*, Disponível em: https://es.aleteia. org/2018/12/29/teresa-de-cartagena-la-mistica-espanola-que-defendio-la-dignidad-de-las-mujeres/. Acesso em: 10 nov. 2022. Trad. livre.

33 MEADOR, James. Teresa de Cartagena. *A medieval'womens company.* Disponível em https://amedievalwomanscompanion.com/teresa-de-cartagena/. Acesso em: 11 nov. 2022. Trad. livre.

34 ARGENTEUIL, Eloísa de. *La querela de las mujeres y Teresa de Cartagena.* 10 fev. 2018. Disponível em: https://aetasmedievalis.blogspot.com/2018/02/. Acesso em: 11 nov. 2022.

35 *Loc. cit.*

36 Disponível em: https://cronicasdeimarie.files.wordpress.com/2016/12/st-hildegard-of-bingen-by-plamen-petrov-in-st-martha-morton--grove-il.jpg. Acesso em: 2 jan. 2023.

37 Festival da Catedral de St. Blasien, 2018: Peça *Os pilares da esperança.* Disponível em: https://www-domfestspiele--stblasien-de. translate.goog/home.php?DOC_INST=1&_x_tr_sl=de&_x_tr_ tl=pt&_x_tr_hl=pt-BR&_x_tr_pto=sc. Acesso em: 1 jan. 2023. Trad. livre.

Palavras finais

[1] CLARAVAL, Bernardo de. Sermão LXXXXIV sobre Cantares, seção 1 *apud* WILLIAMS, Terri. *Op. cit.*, p. 249.

[2] ZWETSCH, Roberto Ervino. Espiritualidade, mística e literatura: uma perspectiva protestante. *Pistis Praxis,* [*S. l.*], v. 7, n. 1, 2015, p. 143-160. Disponível em: http://www.redalyc.org/articulo.oa?id=449748255007. Acesso em: 13. dez. 2022.

[3] SILVA, Isabele Ludovico. *Espiritualidade e o feminino*. Mestrado em Teologia Sistemática. Faculdade Teológica Batista de São Paulo, p. 12.

REFERÊNCIAS

AIRÈS, Philippe; DUBBY, Georges. *História da Vida Privada*, v. 2: Da Europa feudal à Renascença. 6. imp. Trad. Maria Lúcia Machado. São Paulo: Companhia das Letras, 1994.

ALMEIDA, Rute Salviano. *Uma voz feminina calada pela Inquisição*. São Paulo: Hagnos, 2012.

_____. *Mártires Cristãs: Mulheres que deram a vida por amor a Jesus*. Rio de Janeiro: GodBooks; Thomas Nelson Brasil, 2022.

_____. *Vozes femininas no início do protestantismo brasileiro*. Viçosa: Ultimato, 2022.

BETTENSON, Henry. *Documentos da Igreja Cristã*. Trad. Helmuth Alfredo Simon. 3. ed. São Paulo: Aste, 1998.

BOHLER-RÉGNIER, Danielle. Vozes literárias, vozes místicas. *In*: DUBY, Georges; PERROT, Michelle. (dir.) *História das mulheres no Ocidente*, v. 2, A Idade Média. Trad. Maria Helena da Cruz Coelho e outros, Porto: Afrontamento, 1990, p. 512-91.

BRAUNSTEIN, Philippe. Abordagens da intimidade nos séculos XIV-XV. *In*: ARIÈS, Philippe; DUBBY, Georges. *História da Vida Privada*, v. 2, Da Europa feudal à Renascença. 6. imp. Trad. Maria Lúcia Machado. São Paulo: Companhia das Letras, 1994, p. 526-626.

BURNS, Edward McNall. *História da civilização ocidental*, v. 1, 24. ed. Trad. Lourival Gomes Machado e outros. Porto Alegre: Globo, 1981.

COLLIS, Louise. *Memoirs of a medieval Woman*. The life and Times of Margery Kempe. Nova York: Harper & Row Publishers, 1964.

COMBLIN, José. *Vocação para a liberdade*. São Paulo: Paulus, 1998.

DALARUN, Jacques. Olhares de Clérigos. *In:* DUBY, Georges; PERROT, Michelle (dir.). *História das Mulheres no Ocidente*, v. 2, A Idade Média, Trad. Maria Helena da Cruz Coelho e outros, Porto: Afrontamento, 1990, p. 29-63.

DUBY, Georges; PERROT, Michelle (dir.). *História das Mulheres no Ocidente*, v. 2, A Idade Média, Trad. Maria Helena da Cruz Coelho e outros, Porto: Afrontamento, 1990.

FINKE, Enrique. La mujer em la edad media. Trad. alemão Ramón Carande. Madrid: *Revista de Occidente*, 1926.

HUGHES, Diane Owen. As modas femininas e o seu controle. *In:* DUBY, Georges; PERROT, Michelle (dir.). *História das Mulheres no Ocidente*, v. 2, A Idade Média, Trad. Maria Helena da Cruz Coelho e outros, Porto: Afrontamento, 1990, p. 185-213.

KLAPISCH-ZUBER, Christiane. Introdução. *In:* DUBY, Georges; PERROT, Michelle (dir.). *História das mulheres no Ocidente*, v. 2, A Idade Média, Trad. Maria Helena da Cruz Coelho e outros. Porto: Afrontamento, 1990, p. 10-23.

KRUEGER, Christine. *The reader's repetance:* women preachers, women writers, and nineteenth century social discourse. Chicago e Londres: The University of Chicago Press, 1992, p. 3.

LE GOFF, Jacques. (dir.) *Homens e mulheres da Idade Média*. 2. ed. Trad. Nícia Adan Bonatti. São Paulo: Estação Liberdade, 2013.

MACDONALD. Fiona. *O cotidiano europeu na Idade Média*. Trad. Aulyde Soares Rodrigues. São Paulo: Melhoramentos, 1995.

MACEDO, José Rivair. *A mulher na Idade Média*: a mulher e a família. Realidades sociais e atividades profissionais. Exclusão, preconceito e marginalidade. São Paulo: Contexto, 2022.

MUIRHEAD, H. H. *O cristianismo através dos séculos*, v. 1, 4. ed. Rio de Janeiro: Casa Publicadora Batista, 1959.

NORWICH, Juliana de. *Revelações do Amor Divino*. Tradução de Maria Elizabeth Hallack Neilson. Petrópolis: Vozes, 2018.

OLIVEIRA, Leandro da Motta. *Marguerite Porete e as Beguinas*: A importante participação das mulheres nos movimentos espirituais e políticos da Idade Média. São Paulo: Dialética, 2021.

PERNOUD, Régine. *Hildegard de Bingen*: A consciência inspirada do século XII. Trad. Eloá Jacobina. Rio de Janeiro: Rocco, 1996.

PRIORE, Mary del (org.). *História das mulheres no Brasil*, 2. ed. São Paulo: Unesp, 1997.

RÉGNIER-BOHLER, Danielle. Vozes literárias, vozes místicas. *In*: DUBY, Georges; PERROT, Michelle (dir.). *História das mulheres no Ocidente*, v. 2, A Idade Média, Trad. Maria Helena da Cruz Coelho e outros, Porto: Afrontamento, 1990, p. 516-591.

ROPS, Daniel. *A Igreja das Catedrais e das Cruzadas*. Trad. Emérico da Gama. São Paulo: Quadrante, 1993.

SENA, Santa Catarina de. *O diálogo*. 2. ed. Trad. Frei João Alves Basílio. São Paulo: Paulus, 2005.

SWAN, Laura. *The wisdom of the beguines*: the forgotten story of a medieval women's movement. Nova York: Blue Bridget, 2014.

TELLES, Norma. Escritoras, escritas, escrituras. *In*: PRIORE, Mary del (org.). *História das mulheres no Brasil*, 2. ed. São Paulo: Unesp, 1997, p. 401-442.

UNDSET, Sigrid. *Catarina de Siena*. Trad. Basílio Lopes. Lisboa: Editorial Aster, [*s. d.*].

YALOM, Marilyn. *A história da esposa:* da Virgem Maria a Madonna: o papel da mulher casada dos tempos bíblicos até hoje. Trad. Priscilla Coutinho. Rio de Janeiro: Ediouro, 2002.

WEMPLE, Suzanne Fonay. As mulheres do século V ao século X. *In*: DUBY, Georges; PERROT, Michelle (Dir.). *História das Mulheres no Ocidente*, v. 2, A Idade Média, Trad. Maria Helena da Cruz Coelho e outros, Porto: Afrontamento, 1990, p. 227-271.

WILLIAMS, Terri. A espiritualidade do misticismo. *In*: PIERATT, Alan B. (org.) *Chamado para servir*: Ensaios em homenagem a Russel P. Shedd. Trad. Valéria Fontana e outros. São Paulo: Vida Nova, 1994, p. 239-250.

Sites

ALVAREZ, J. Luiz. *Las beguinas* – Mujeres en Red. Disponível em: https://www.nodo50.org/mujeresred/historia-beguinas.html. Acesso em: 4 jul. 2006.

AMARAL, Maria José Caldeira e outros. É desse Amor que eu sofro. Hermenêutica feminina da experiência mística – a *Minne* Medieval em Hadewijch da Antuérpia. *Pistis Praxis*, [*s. l.*], v. 13. ed. esp., 2021, p. 189-214. Disponível em: https://www.researchgate.net/publication/350779919_E_desse_Amor_que_eu_sofro_Hermeneutica_feminina_da_experiencia_mistica_-a_Minne_Medieval_em_Hadewijch_da_Antuerpia/link/60710c50a6fdcc5f7794c12b/download. Acesso em: 19 jul. 2022.

ARGENTEUIL, Eloísa de. *La querela de las mujeres y Teresa de Cartagena*. Disponível em: https://aetasmedievalis.blogspot.com/2018/02/. Acesso em: 11 nov. 2022.

BENEDICT XVI. Marguerite d'Oingt. *L' Osservatore Romano Weekly,* English edition, 10 nov. 2010, p. 22. Disponível em: https://www.ewtn.com/catholicism/library/marguerite-doingt-6284. Acesso em: 10 nov. 2022.

BOLDO, Fabio. *A alimentação e a culinária medieval*. 2 mai. 2010. Disponível em: https://academia.edu/18696696/A_alimentação_e_a_Culinária_Medieval?email_work_card=view-paper. Acesso em: 5 dez. 2022.

CORDEIRO. Tiago Cordeiro. Mulheres que mudaram a história: Hildegarda de Bingen. *Super interessante*. *Mundo Estranho*. 14 fev. 2022. Disponível em: https://super.abril.com.br/mundo-estranho/mulheres-que-mudaram-a-historia-hildegarda-de-bingen/. Acesso em: 19 jul. 2022.

COSTA, Ricardo da. *A dor da perda, as mulheres e o luto na História*. Disponível em: https://www.ricardocosta.com/artigo/dor-da-perda-mulheres-e-o-luto-na-historia. Acesso em: 2 mar. 2022.

CRUZ, Marcus Silva. Religiosidade tardo antiga e cristianização do Império Romano. *Fronteiras*. *Revista de História*, v. 12, n. 21, 2010, p. 29. Disponível em: https://ojs.ufgd.edu.br/index.php/FRONTEIRAS/article/view/594. Acesso em: 15 set. 2014.

DUFAUR, Luís. Santa Clotilde rainha e o milagre da conversão da França. *Orações e milagres medievais*. 2 ago. 2015. Disponível em: https://oracoesemilagresmedievais.blogspot.com/2015/08/santa-clotilde-rainha-e-o-milagre-da.html. Acesso em: 2 mar. 2022.

FERRER, Sandra. *Teresa de Cartagena, la mística española que defendió la dignidad de las mujeres*. 29 dez. 2018. Disponível em: https://es.aleteia.org/2018/12/29/teresa-de-cartagena-la-mistica-espanola-que-defendio-la-dignidad-de-las-mujeres/. Acesso em: 10 nov. 2022.

LANDSEL, Jason. *The beguines*. 13 ago. 2018. Disponível em: https://www.plough.com/en/topics/community/intentional-community/forerunners-the-beguines. Acesso em: 5 nov. 2022.

LIMA, Vanderlei de (org.). *Margarida de Oingt*. Monja cartuxa do século XIII. Sua vida mística, sua obra *Speculum* e o seu culto imemorial. São Paulo: Cultor de Livros. 3 de nov. 2010. Disponível em: http://josbrunonis.blogspot.com.br/search/label/Personen. Acesso em: 3 nov. 2022.

MACEDO, José Rivair. *A face das filhas de Eva:* os cuidados com a aparência num manual de beleza do século XIII. Disponível em: https://docplayer.com.br/9789213-A-face-das-filhas-de-eva-os-cuidados-com-a-aparencia-num-manual-de-beleza-do-seculo-xiii-jose-rivair-macedo.html. Acesso em 20 jul. 2022.

MAMEDES, Kelly Cristina da C. B. de Menezes; CRUZ, Marcus. O poder das mulheres e a construção a memória na Antiguidade Tardia. *Revista Mundo Antigo*, v. 3, n. 06, dez. 2014, p. 44. Disponível em: http://www.nehmaat.uff.br/revista/2014-2/artigo01-2014-2.pdf. Acesso em: 2 mar. 2022.

MATOS, Maria Teresa Ribeiro. *Vuestra fe es nuestra victoria.* Disponível em: https://revistacatolica.org/santa-clotilde-vuestra-fe-es-nuestra-victoria/. Acesso em: 30 jul. 2022.

NEVES, Daniel. *Alta Idade Média.* Disponível em: https://brasilescola.uol.com.br/historiag/alta-idade-media.htm. Acesso em: 22 julho 2022.

NUNES, Fernanda Cardoso e outras. Por uma genealogia feminina da mística medieval, estudo sobre duas precursoras da literatura inglesa, Juliana de Norwich e Margarida Kempe. *In*: BROCHADO, Cláudia Costa; DEPLAGNE. Luciana Calado (orgs.). Vozes de mulheres da Idade Média. *Pistis Prax*is, [*s. l.*], v. 7, n. 1, jan./abr. 2015, p. 143-160. Disponível em: https://wp.ufpel.edu.br/clhd/2021/06/24/livro-com-acesso-gratuito-vozes-de-mulheres-da-idade-media/. Acesso em: 20 jul. 2022.

OLIVEIRA, Andréa. "Penteados: da antiguidade aos dias atuais". Disponível em: https://www.cpt.com.br/artigos/penteados-da-antiguidade-aos-dias-atuais. Acesso em: 11 dez. 2022.

SOUSA, Rainer. "Literatura Medieval". Disponível em: https://brasilescola.uol.com.br/historiag/literatura-medieval.htm. Acesso em: 10 set. 2022.

WUENSCH, Ana Miriam. A cidade-mundo de Christine de Pizan. *In*: BROCHADO, Cláudia Costa; DEPLAGNE, Luciana Calado. Vozes de mulheres da Idade Média. *Pistis Praxis*, [*s. l.*], v. 7, n. 1, jan./abr. 2015, p. 143-160. Disponível em: https://wp.ufpel. edu.br/clhd/2021/06/24/livro-com-acesso-gratuito-vozes-de-mulheres-da-idade-media/. Acesso em: 20 jul. 2022.

VANNINI, Marco. "A experiência do espírito vai muito além das distinções espaço-temporais e de gênero". Entrevista concedida a Moisés Shardelotto. Disponível em: https://www.ihu.unisinos. br/categorias/159-entrevistas/505105-a-experiencia-do-espiri-to-vai-muito-alem-das-distincoes-espaco-temporais-e-de-genero-entrevista-especial-com-marco-vannini. Acesso em: 06 dez. 2022.

VIOLANTE, Susana Beatriz; COSTA, Ricardo da (orgs.). "A Estética Medieval: Imagem e Filosofia". *Mirabilia*, v. 28, jan./jun. 2019. Disponível em: https://www.revistamirabilia.com/sites/default/files/pdfs/00.28.pdf. Acesso em: 16 dez. 2022.

Dissertações

CASA, M. Cristina Salas. *La comtessa Duoda i la seva poca reflectides al Liber Manualis.* Trabalho de conclusão de curso. Universitat Oberta de Catalunya, 2015. Disponível em: https://openaccess. uoc.edu/bitstream/10609/44001/6/csalacTFG0215mem%-c3%b2ria.pdf. Acesso em: 7 mar. 2022.

ESTEVAM, Maria Terezinha. *Um estudo sobre o Physica, de Hildegarda de Bingen:* as virtudes curativas de algumas plantas. Mestrado em História da Ciência. Pontifícia Universidade Católica de São Paulo, 2020. Disponível em: https://sapientia.pucsp.br/bitstream/handle/23931/1/Maria%20Terezinha%20Estevam. pdf. Acesso em: 12 out. 2022.

SANTOS, Georgia M. de Castro. *A roupa, a moda e a mulher na Europa ocidental medieval.* Mestrado em Arte Contemporânea. Universidade de Brasília. Instituto de Artes, 2006. Disponível em:

https://repositorio.unb.br/bitstream/10482/6433/1/2006_
GeorgiaMariadeCastro_Arte.pdf. Acesso em: 16 dez. 2022.

SILVA, Isabele Ludovico. *Espiritualidade e o feminino*. Mestrado em
Teologia Sistemática. Faculdade Teológica Batista de São Paulo.

VIANA, Ana Paula dos Santos; OLIVEIRA, Terezinha. *A fidelidade no manual de Dhuoda*. Universidade Estadual de Maringá.
Seminário de Pesquisa do PPE. 12 a 14 de junho de 2013. Disponível em: http://www.ppe.uem.br/publicacoes/seminario_
ppe_2013/trabalhos/co_05/142.pdf. Acesso em: 5 ago. 2022.

Livros Digitais

BROCHADO, Cláudia Costa; DEPLAGNE, Luciana Cala-
do (org.). *Vozes de mulheres da Idade Média*. João Pessoa: Editora UFPB, 2018. Disponível em: https://wp.ufpel.edu.br/
clhd/2021/06/24/livro-com-acesso-gratuito-vozes-de-mulhe-
res-da-idade-media/. Acesso em: 20 jul. 2022.

COSTA, Marcos Roberto Nunes; COSTA, Rafael Ferreira. *Mulhe-
res Intelectuais na Idade Média*. Entre a Medicina, a História, a
Poesia, a Dramaturgia, a Filosofia, a Teologia e a Mística. Porto
Alegre: Editora Fi, 2019. Disponível em: https://drive.google.
com/file/d/1OlSh3Q_LNkKRlSoJLLuQ9EM4B1abFaTz/view
Acesso em: 2 nov. 2021.

LE GOFF, Jacques (dir.). *O homem medieval*. Trad. Maria Jorge Vilar
de Figueiredo. Lisboa: Presença, 1989. Disponível em: https://
portalconservador.com/livros/Le-Goff-O-Homem-Medieval.
pdf. Acesso em: 4 jan. 2023.

NUNES, Fernanda Cardoso e outras. Por uma genealogia feminina
da mística medieval: estudos sobre duas precursoras da literatura
inglesa, Juliana de Norwich e Margarida Kempe. *In*: BROCHA-
DO, Claudia Costa; DEPLAGNE, Luciana Calado (org.). *Vozes
de mulheres da Idade Média,* p. 93-94. Disponível em: https://
wp.ufpel.edu.br/clhd/2021/06/24/livro-com-acesso-gratuito-
-vozes-de-mulheres-da-idade-media/. Acesso em: 20 jul. 2022.

Revistas

AMARAL, Maria José Caldeira do; VILLAS BOAS, Alex; PROVINCIATTO, Luiz Gabriel. É desse Amor que eu sofro. Hermenêutica feminina da experiência mística – a *Minne* Medieval em Hadewijch da Antuérpia. *Prixis Praxis*, [*s. l.*] v. 13. ed. espec. Disponível em: https://www.academia.edu/80973860/%C3%89_desse_Amor_que_eu_sofro_Hermen%C3%AAutica_feminina_da_experi%C3%AAncia_m%-C3%ADstica_a_Minne_Medieval_em_Hadewijch_da_Antu%-C3%A9rpia. Acesso em: 13 dez. 2022.

CALADO, Alder Julio Ferreira. O perfil instituinte do movimento das beguinas, na Baixa Idade Média. *Revista Consciência*. 23 mai. 2010. Disponível em: https://revistaconsciencia.com/o-perfil--instituinte-do-movimento-das-beguinas-na-baixa-idade-me-dia/. Acesso em: 19 set. 2022.

CIRLOT, Victoria; GARI, Blanca *apud* NOGUEIRA, Maria Simone Marinho. Mística feminina – Escrita e Transgressão. *Revista Graphos, v.* 17, n. 2, 2015 – UFPB/PPGL. Disponível em: https://periodicos.ufpb.br/index.php/graphos/article/view/27290/14647. Acesso em: 11 dez. 2022.

MARIANI, Ceci Maria Costa Baptista. Mística, teologia e poesia na voz de mulheres: o protagonismo feminino na mística medieval. *Pistis Praxis*, [*S. l.*] v. 13, 2021, p. 169-188. Disponível em: https://periodicos.pucpr.br/pistispraxis/article/view/27685. Acesso em: 16 nov. 2022.

MEADOR, James. *Teresa de Cartagena*. A medieval'womens company. Disponível em: https://amedievalwomanscompanion.com/teresa-de-cartagena/. Acesso em: 11 nov. 2022.

MIATELLO, André Luís Pereira. A literatura mística feminina e a escrita da História na Baixa Idade Média Ocidental: entre biografia, memória e relato social. *História da Historiografia*, v. 13, n. 33, p. 163-195, 2021. Disponível em: https://www.

historiadahistoriografia.com.br/revista/article/view/1519/892. Acesso em: 27 set. 2022.

NICOLETTE, Carlos Eduardo e outros. Hadewijch de Ambéres. A mística medieval e suas visões sobre o divino. *Revista Mais que Amélias*. N. 4, 2017. Disponível em: https://8817bea9-051e--4071-aa02-bb0ea330c83e.filesusr.com/ugd/cafbb5_7d0085da-c2e44a9c94d7da4f21c35d78.pdf. Acesso em: 16 dez. 2022.

NOGUEIRA, Maria Simone Marinho. Negação e aniquilação em M. Porete e M. Eckhart. *Princípios: Revista de Filosofia*, v. 22, n. 37, jan./abr. 2015, p. 6. Disponível em: https://periodicos.ufrn.br/principios/article/view/7380/pdf. Acesso em: 16 nov. 2022.

NOGUEIRA, Maria Simone Marinho. *"Beatriz de Nazareth e os sete graus do amor"*. *Revista Graphos,* v. 19, n° 3, 2017 – UFPB/PPGL. Disponível em: https://periodicos.ufpb.br/index.php/graphos/article/view/37751/19052. Acesso em: 16. nov. 2022.

OLIVEIRA, Terezinha; VIANA, Ana Paula dos Santos. Um estudo da mulher no processo educativo medieval do século IX: reflexões sobre o Manual de Dhuoda. *Revista de Ciências Humanas.* Florianópolis, v. 52, 2018. Disponível em: https://periodicos.ufsc.br/index.php/revistacfh/article/view/2178-4582.2018.e55140/40085. Acesso em: 7 mar. 2022.

VIOLANTE, Susana Beatriz; COSTA, Ricardo da (orgs.). A Estética Medieval: Imagem e Filosofia. *Mirabilia*, v. 28, jan./jun. 2019. Disponível em: https://www.revistamirabilia.com/sites/default/files/pdfs/00.28.pdf. Acesso em: 16 dez. 2022.

La religiosidad de Margarida Kempe. Disponível em: http://archicofradia.org/wp-content/uploads/2017/10/Margarida-Kempe-II.pdf. Acesso em: 22 jul. 2022.

Notes the book of Margery Kempe. Disponível em: https://www.sparknotes.com/lit/margerykempe/characters/ Acesso em: 3 jan. 2023.

SOCIEDADE DAS CIÊNCIAS ANTIGAS. *Santa Hildegarda de Bingen*. [*s. d.*]. Disponível em: https://www.sca.org.br/uploads/news/id133/StaHildegarda.pdf. Acesso em: 31 dez. 2022.

ZWETSCH, Roberto Ervino. Espiritualidade, mística e literatura: uma perspectiva protestante. *Pistis Praxis,* [*S. l.*], v. 7, n. 1, 2015, p. 143-160.

Disponível em: http://www.redalyc.org/articulo.oa?id=44974825 5007. Acesso em: 13. dez. 2022.

SOBRE A AUTORA

RUTE SALVIANO ALMEIDA é licenciada em Estudos Sociais, bacharel em Teologia, pós-graduada em História do Cristianismo e mestre em Teologia. Foi professora da Faculdade Teológica Batista de Campinas por vinte anos. É autora de livros sobre a história das mulheres no cristianismo, como *Heroínas da fé* (GodBooks), *Heroínas da graça* (GodBooks), *Reformadoras* (GodBooks e Thomas Nelson Brasil) e *Mártires cristãs* (GodBooks e Thomas Nelson Brasil), e recebeu o Prêmio Areté, na categoria "História da igreja", pela obra *Vozes femininas no início do protestantismo brasileiro*. Rute, que foi empossada em 19 de março de 2022 como membro titular da cadeira 31 na Academia Evangélica de Letras do Brasil, é membro da Igreja Batista do Cambuí, em Campinas (SP).

Conheça outras obras da GOD books

HEROÍNAS DA FÉ

Rute Salviano Almeida

Este devocional inovador traz reflexões muito atuais, a partir da Bíblia e da biografia de dezenas de mulheres que desempenharam importante papel na trajetória do cristianismo, das mártires da igreja primitiva às pioneiras da igreja evangélica brasileira. Rute Salviano Almeida conciliou sua formação e experiência como teóloga e historiadora em um livro que informa e edifica.

REFORMADORAS

Rute Salviano Almeida e Jaqueline Sousa Pinheiro

Reformadoras faz um brilhante trabalho de resgate da memória de filhas de Deus que devotaram a vida à causa do evangelho de Cristo e deram uma contribuição inestimável a um dos movimentos mais importantes da trajetória da Cristandade: a Reforma Protestante. Essas servas do Senhor entregaram por amor a Cristo o intelecto, o coração, o tempo, os esforços e até a própria vida, a fim de cumprir a grande comissão e levar o povo de Deus à maturidade espiritual.

HEROÍNAS DA GRAÇA

Rute Salviano Almeida

Com prefácio de Helena Tannure, este devocional traz reflexões extremamente atuais, a partir da vida e do exemplo de mulheres que desempenharam importante papel na trajetória do cristianismo e deram exemplo de perseverança, santidade, vigor espiritual e intimidade com Cristo. Acompanhe, ao longo de um ano, as lições de vida dessas heroínas da graça de Deus e seja fortalecida, transformada e motivada a uma vida de plenitude no relacionamento com o Amado de nossa alma: Jesus Cristo.

MÁRTIRES CRISTÃS

Rute Salviano Almeida

Mártires cristãs faz um resgate primoroso da memória de mulheres de Deus que deram a própria vida por amor ao evangelho de Jesus Cristo, com lealdade, resiliência e devoção. São 24 servas de Deus que deram testemunho de sua fidelidade com o próprio sangue ao longo de dois mil anos de cristianismo, desde os dias da igreja primitiva até a terceira década do século 21.

Adquira, em e-book ou impresso, nas melhores livrarias ou em www.godbooks.com.br.
Siga-nos nas redes sociais: @editoragodbooks.

Este livro foi impresso pela, em 2023, para a Thomas Nelson Brasil.
O papel do miolo é avena 70g/m², e o da capa é cartão 250g/m².